Gottlieb Wilhelm Eckhardt

Mardigras für die Neufranken-Pairs und Barons

Gottlieb Wilhelm Eckhardt
Mardigras für die Neufranken-Pairs und Barons
ISBN/EAN: 9783743622562
Hergestellt in Europa, USA, Kanada, Australien, Japan
Cover: Foto ©ninafisch / pixelio.de

Weitere Bücher finden Sie auf **www.hansebooks.com**

Mardi-gras

für die

Neufranken-Pairs und Barons,

vom

Verfasser der Preussischen Bravourlieder

beym

Feldzug wider die Franzosen.

---

*Deficient inopem venae te, ni cibus atque
Ingens accedat stomacho fultura ruenti.
Quid cessas? Agedum! sume hoc ptisanarium oryzae.*
                      HORAT.

Mit auch ohne Illumination und Orchester, nach Belieben.

Berlin, 1793.
In Kommission bey Friedrich Maurer.

* * *

Ein Treffer, dachte unser einer,
Ist immer besser doch als keiner;
   Ich zog — und Heil mir! Heil!
Splendides Glück hatt' ich im Lotto:
Von BÜRGERN ward ein trefflich's Motto
   Mir armen Wicht zu Theil.

* * *

Europa und der Friede.

Die Jungfer, deren Bild vor Homann's Atlas
                 prangt,
Europen, hört' ich jüngst hold mit dem Frieden
                 kosen:
„Komm', sey mein Bräutigam! Und brich mit
                 mir die Rosen,
Getreuer Lieb' und Lust, wornach mein Herz ver-
                 langt!"
„Gern baut' ich, sprach der Gott, mit treuem
                 Muth dein Gosen,
Versalzten mir die Lust nicht deine" — *„Nun?"* —
                 „Franzosen!"

Allen teutschen Vaterlandsbrüdern,

die da sind hin und her,

Friede und Freude zuvor!

— — Locus est pluribus umbris.
HORAT.

Wiewohl der Mardi - gras eigentlich zu Nutz und Frommen der neugebacknen Franken - Pairs und Barons von uns veranstaltet ist, so glauben wir doch von Seiten unsrer vaterländschen Mitbrüder auf gleiche Lust und Liebe zu dieser Féte ganz sicher rechnen zu können. Wir nehmen daher keinen Anstand, — da sie überdies uns weit liebere Gäste als jene sind — ihrem Wunsch zu entsprechen, und geben uns die Ehre, sie allesammt Grofs und Klein hiedurch zur geneigten Theilnahme geziemend und feierlich einzuladen; zwar jezt nur in Prosa, doch Seite 5 zum da Capo in der Sprache der

Mufen, damit keiner argwöhne, als geschehe unfre Bitte *pro forma*. — (*)

In der That aber würden wir kein geringes *crimen laefae Majeftatis* gegen Allherr-

(*) Nein! In Rückficht unfrer vollbürtigen teutfchen Konfraters gewifs nicht; wohl aber gilt dies *pro forma* von unfrer Einladung der Damen Seite 5, die wir blofs deshalb hinfezten, um fie nicht zu erzürnen. Denn — ohne Heuchelei gefprochen! — gewiffer Urfachen wegen wäre es uns fehr lieb, wenn die Zierden der Schöpfung — fo unentbehrlich fie fonft auch bey einem frohen Mahle find, und fo wenig wir eben von Körben halten — alle einftimmig diesmal unfrer Bitte einen Korb gäben. — — Mögen fie denken, unfer *Mardigras* fey eine Freimaurer-Verfammlung, oder ein Gelag nach Sitte der vormaligen Griechen, die kein Frauenzimmer bey ihren Gaftmälern litten, felbft auch dann nicht, wenn lauter alte Philofophen zugegen waren. — Furcht vor Medifance und ftrenge Kritik über die Servirung der Tafel ift nicht der einzige und wichtigfte Grund obigen Wunfches; den triftigften — mag man errathen! — Uebrigens, liebe teutfche Mitbrüder, nehmt's nicht für ungut, dafs wir euch mit fo heterogenen Gäften, als die franzöfifchen Gott fey bey uns find, *nolens volens* zufammenbringen; bat doch wohl Kaifer HELIOOABALUS 8 Schielende, 8 Kahlköpfige, 8 Podagrifche, 8 Taube, 8 Schwarze und 8 Dickbäuche zu Tifche.

ſcherin Etikette begehen, wenn wir gleich zu Anfang der Aſſamblee unſre einheim'-ſchen Freunde mit Einem Sprung in den parfümirten Speiſeſaal eintreten, und ſie noch ganz athemlos da Platz nehmen ließen, ohne ſie zuvor im Konverſationszimmer, dem Ceremoniel gemäſs, zu entreteniren. Zur Vermeidung dieſer Impoliteſſe, und keineswegs dem Prolog-Schlendrian zu Gefallen, unterlaſſen wir ſonach nicht, eine Portion modiſchen Schnickſchnack voranzuſchicken; doch verſteht ſich von ſelbſt, daſs wir's so kurz als möglich machen und die Herrſchaften nicht lange tantaliſiren werden; denn wie bekannt iſt dem geizenden Magen mit langen Sermonen gar wenig gedient, mehr aber mit langen Sauciſchen. (*)

Alles wohl überlegt, glauben wir unſern Text nicht beſſer anheben zu können, als wenn wir vor allen Dingen über den gewählten Titel dieſer Brochüre jedem, weſs Standes und Würden er ſeyn oder ſich dünken mag, förmlich Rechenſchaft geben. —

(*) Verſteht ſich, daſs von ſolchen Rieſen, wie zu Anfang des vorigen Jahrhunderts die Metzger in Königsberg eine dergleichen in Prozeſſion herumtrugen, welche 1005 Ellen Länge und 900 Pfund an Gewicht hatte, hier ganz und gar nicht die Rede iſt.

Mardi-gras, wie männiglich weiſs, oder doch von Rechtswegen wiſſen ſollte, bedeutet nichts mehr und nichts weniger, als eine Haupt-Féte zu Ende des jährlichen Faſchings, während welchen Schlaraffenlebens jede Thor- und Tollheit komplett freies Spiel hat. (*) Daſs die Franzoſen zeither mehr als je karnevalsähnliche Farcen *en maitre* geſpielt, iſt nur, leider! zu wahr, und daſs ihrem Unfug ein plözliches *non plus ultra*, ſo wie ihren friſirten Köpfen eine gute Portion Aſche ſtatt Puders zu wünſchen wäre, kann man eben ſo wenig verneinen; *atqui! ergo*: war und blieb der Titel — *Mardi-gras* unter allen übrigen — Matador. Zudem auch hat ſchon ſeit Olimszei-

(*) Wie ſehr ſich dadurch die erleuchteten Europäer von Seiten ihres Verſtandes bey den Muſelmännern in ſchlechten Kredit geſezt haben, ergiebt ſich aus folgendem: „Die Chriſten (katholiſcherſeits) — ſagen jene — überfällt in gewiſſen Monaten, die ein beträchtlicher Zeitraum von den Hundstagen ſcheidet, eine ganz beſondre Gehirnkrankheit, in welcher ſie wie unſinnig in mancherlei Geſtalt und Kleidung auf den Straſſen umherlaufen. Zulezt wird ihnen ein graues Pulver, Aſche genannt, auf den Kopf geſtreut, worauf ſie erſt wieder zu Verſtande kommen." — Ob die Türker wohl ſo ganz Unrecht haben?

ten ienes dreisilbige Wörtchen für die französischen Parasiten magnetenähnliche Kraft gehabt; wollten wir also — und welcher gastfreie Mann wird es nicht wollen! — unserm Hotel vielen Franzosen - Zulauf verschaffen, so konnten wir dermalen kein besseres Schild als Köder aushängen, nicht schöner die Schlinge mit Rosen bekränzen. Ja! um jene näschigen Vögel noch gewisser in unser Netz hin zu locken, bedienten wir uns zugleich französischer Lettern, wiewohl wir in Rücksicht des teutschen Publikum's weit lieber unsre Nationalschrift gewählt hätten. (*) Doch Maskerade gehört einmal zum *Mardi - gras*, und wird man mithin uns um so weniger Vorwürfe machen, dass auch wir unser Kernteutsch in ausländ'sche Typen eingemummt, und nach Redoutenbrauch zuweilen in fremden Sprachen und als Libertin parlirt haben; denn in Rücksicht des leztern können wir mit gutem Gewissen wie KATULL sagen: *mores distant a carmine nostro*. — Endlich noch, um

(*) Sicher würden wir auch solche zu diesem blos an Teutsche gerichteten Sermon genommen haben, hätten wir nur nicht befürchten müssen, dass beide zusammengestellte Schriftsorten einen zu häfslichen Kontrast machen würden.

den natürlichen Appetit sämmtlicher Gäste mehr rege zu machen, befolgten wir die löbliche Mode der Russen, die kurz vor Tische Liqueur herumgeben, und präsentirten statt dessen gleich beym Entrée eine pikante Morselle aus BÜRGERS Konditerei als ein gar treffliches Stomachale. (*) Hoffentlich werden selbst unsre Feinde nicht in Abrede seyn können, dass wir unsrerseits alles, worauf nur irgend ein spekulativer Pariser Restaurateur im vormaligen *Palais royal* raffiniren kann, aufs beste geleistet haben.

Nach dieser — unter uns gesagt — ziemlich ruhmredigen Expektoration finden wir jezt nichts pressanter, als wegen der Seite 16 versprochenen aber nicht beigefügten Abbildung der von uns verschönerten Jakobinermütze alle und jede, denen an dieser trefflichen Augenweide viel gelegen seyn dürfte, gar sehr um Verzeihung zu bitten; besonders, da bekanntlich der zeitige Geschmack

(*) Hätten wir dermalen, wie gewöhnlich zur Herzstärkung, blos *Tabac de Seville* offeriren wollen, so konnten wir schon mit folgender Prise aus MÜLLERS Fabrike abkommen:

Wem nichts gefällt, den wollen wir eben nicht zwingen,
Was wir gesungen, zu lesen; er mag sich selber was singen.

des lefenden Publikum's fich vorzüglich für Bilderbüchel, wie Kinder-Gufto für bunte Fibeln entfcheidet, und Geifteswerke mit Kupferftichen jezt mehr der Schilderei als des Inhalts wegen um fo begieriger gekauft werden, je groteskere Mord- und Gefecht-Scenen fich ganz wider HORAZENS Regel (*) dem Auge darftellen. Wenn daher die Induftrie der Herren Buchhändler jene übertriebene Bilderabgötterei aufs befte zu nutzen fucht, fo ift es ihnen eben fo wenig zu verdenken, als dem Theaterdirektor, der nur dann Parquet und Logen am zahlreichften befezt fieht, je ärgere Todfchlagsfchaufpiele er aufführen läfst. (**) — Zufolge diefer feit kurzem gemachten Bemerkung nimmt's uns nun auch nicht im geringften mehr Wunder, dafs *die zum Beften für*

(*) *Nec pueros coram populo Medea trucidet,*
Aut humana palam coquat exta nefarius Atreus.

(**) Folgendes fehr wahre Raifonnement eines franzöfifchen Schriftftellers wird hier nicht am unrechten Ort ftehen. ,,*Le Peuple des Spectateurs a befoin, pour être ému, de rencontrer des fituations violentes, des tableaux bien douloureux, bien cruels. A ce Spectacle, fon gout endormi fe réveille; les fecouffes qu'il éprouve foutiennent fon attention; et il appelle intérêt l'effroi que lui caufent les fcenes révoltantes qu'on fait paffer fous fes yeux.*

dürftige Militairfrauen erfchienenen B. a-vourlieder fo wenig gefucht werden, da ihnen, als das ficherfte Kreditiv jene allbeliebten Verzierungen fehlen, die fich doch gar leicht hätten anbringen laffen, wenn man den Seite 28 in der unterften Strophe dazu reichlich vorhandenen Stoff gehörig benuzt hätte. (*) — Auffer diefem unverzeihlichen Defekt eines fo nöthigen Requifit's kann aber auch, aller Wahrfcheinlichkeit nach, der lateinifche Letterndruck, der vielen Teutfchen nicht recht behagt, an dem zeitherigen geringen Abfatz Miturfach feyn. — Je nun! Sey dem wie ihm wolle! wir laffen das Ankerfeil der Hoffnung noch nicht ganz fahren, und erwarten mit völliger Zuverficht — da einmal gut Ding Weile haben will — von der eigenfinnigen Lady Fortuna: fie werde auf unfern vollwichtigen Einfatz, wenn fie anders für Wonne des

---

(*) Bey Leibe, lieben Freunde, nehmet das vorhin gefagte nicht für Perfiflage! — Warlich! wir find nichts weniger als Ikonoklaften; vielmehr reiten wir mit euch ein und daffelbe Steckenpferd — nur mit dem Unterfchiede: ihr liebt Schön-Schattenfpiel an der Wand und in Büchern, — wir hingegen Metaphern und Allegorieen — kurz! poetifche Bilder; von welcher Prädilektion unfer Mardi-gras das ficherfte Dokument ift.

Wohlthuns noch Empfänglichkeit hat, ihren Gefchlechtsverwandten keine Niete zuwerfen. Sollte fie jedoch zwifchen hier und künftiger Oftermeffe únfer Vertrauen ganz täufchen, fo werden wir alsdann alle vorräthigen Exemplare den aufblühenden Martisföhnen zu Berlin, Stolpe und Culm ohne Entgeld zum Opfer darbringen. Punktum! Damit wir nun nach diefem kleinen Abftecher hurtig wieder in unfer voriges Gleis zurück voltigiren, fo geftehen wir ganz offenherzig, dafs obiger Erfahrung gemäs, — um fowohl dem heutigen Gufto zu willfahren, als auch dem gegenwärtigen Produkt beffern Abgang zu verfchaffen, — wir unfehlbar die von uns mit fymbolifchen Ornamenten ausftaffirte Freiheits-Inful *in effigie* mitgetheilt haben würden, wäre der gute Kupferftecher bey diefem leidigen Süjet nicht vom heftigften Chiragra heimgefucht worden, und mithin die Platte unvollendet geblieben. Zwar hätte ein andrer Künftler den Stich leicht beendigen können; aus Beforgnifs aber, dafs ihm dabey eine gleiche Paralyfe zuftoffen möchte, übertrugen wir keinem weiter diefe gefährliche Arbeit. — Aufrichtig und ganz uneigennützig gefprochen, ift auch die Nichtrealifirung des Konterfei's uns in manchem Betracht eben nicht unangenehm: theils wird nun das Auge manchen fenfiblen Lefers mit einem widrigen Anblick verfchont, theils bey unferm geringern Koftenaufwand die Börfe des Käufers um einige Grofchen weniger in Depenfen gefezt, welche Kontribution um fo unverantwortlicher feyn würde, da die ganze — — (*) *in natura* nicht fo viel werth ift; ja! nicht einmal verdient, dafs wir um fie fo viele Worte verfchwenden, und ihren Namen, wie andere rechtliche Wörter, aufrecht und in eine Reihe mit ihnen poftiren. — Endlich ift, damit wir nichts in Petto behalten, jene Nichtvollendung uns auch befonders deshalb äufferft erwünfcht, weil wir nun der unverbrüchlichen Schriftftellerregel um fo leichter zu genügen im Stande find, laut welcher man dem Lefer allemal etwas, wenn nicht zu denken, wenigftens doch fich mittelft Phantafie auszumahlen, übrig laffen mufs.

Um indefs die jetzige Bilderliebhaberei, die aufferdem noch durch den anfehnlichen Vertrieb bunter Neujahrwünfche dokumentirt wird, nicht ganz unbefriedigt zu laffen, wollten wir anfänglich diefe Blätter mit manchem niedlichen *cul de lampe* dekoriren;

(*) Vignettenfchyla.

auf Anrathen unsers Genius verwarfen wir jedoch dieses häfsliche *quid pro quo* und wählten dagegen lieber Vignetten für das geistige Auge — mit Einem Wort: Mottos — in der zuversichtlichen Hoffnung, dafs jeder, der nicht am Staar leidet, diesen Tausch billigen und uns eben das Recht einräumen werde, was jedem Juwelier zusteht, der selbst den schlechtesten Chrysopas und das unbedeutendste Portrait mit Brillanten oder Perlen entourirt. Ueberdiefs scheint uns ein entsprechendes Motto an der Spitze eines Gedichts, ja! selbst eines Epigramm's eben das, was der Mirtenkranz einer Braut, die Sonne der Erde, und die Glorie einer Heiligen ist; nur allein durch diese Folie erhält solches den schönsten Relief, wenn es auch gleich sehr oft dieser Zierde, wie so manche Braut oder Heilige ihres Hauptschmucks, ganz unwürdig ist. Und gesezt, man fände auch diese Rechtfertigung noch nicht hinreichend, so lasse man — um bey unsrer Favorit-Allegorie zu bleiben, — die dermaligen Mottos für ausländ'sches feines Gewürz gelten, womit wir als Truchsefs jeden Bissen für den Gaum noch schmackhafter zu machen gesucht haben. — Falls jedoch wider alle Erwartung, — wiewohl Irren menschlich ist, — unsre obige Vermuthung fehlschlagen follte, fo erfuchen wir fämmtliche Mifsvergnügten bis zum lieben Chriftmond fich fein zu gedulden, wo fie alsdann für die jetzige Einbuffe, durch hieroglyphifche Neujahrwünfche, (*) reichliche Entfchädigung fich gewärtigen können. —

(*) Wahrfcheinlich dürfte nicht jeder Lefer, fo viel Kenntniffe wir ihm auch zutrauen, einen deutlichen Begriff von Bilderfchrift haben. Um daher keinem unverftändlich zu bleiben, als auch manchem erwartungsvollen aber getäufchten Auge durch eine Mardi-gras-Illumination mit gehörigem Orchefter eine überrafchende Freude zu machen, liefern wir am Schlufs eine Probe von gedachter Schriftgattung, nur freilich diesmal nach Fafchingsbrauch in griechifcher Maske. Mag man mit diefem Exempel bis auf beffere Zeiten vorlieb nehmen, und fich an unfrer Bildergallerie eben fo fehr ergötzen, als an der bunten Charte im dritten Theil des launigen *Triftram Shandy*. — In Betreff der Figuren müffen wir noch erinnern, dafs man ftatt der figurirten Dame auch das Zeichen der Jungfrau (♍) hätte hinfetzen können, wäre es nur nicht wider alle Politeffe gewefen, diefe Signatur aus dem Thierkreife zu entlehnen, alwo die weiland erzfternkundigen aber wenig galanten Chaldäer eben fo unfchicklich wie *Linné*, der den Adamsfohn unter die Quadrupeden rechnet, ein liebes Mädchen zwifchen Löwen und Skorpionen einrangirt

O, über die verzweifelte rothe Kappe! Hätten wir doch in aller Ewigkeit nicht gehaben. — Unfers Bedünkens hätten die neuern civilifirten Aftronomen fchon längft diefes für jene Region zu erhabene Sternbild verwifchen, und — falls bemeldete platonifche Seladons, gleich einem antiplatonifchen Sultan, an einer *Caſſiopeja* und *Andromeda* nicht genug haben, — ihrer himmlifchen Donna einen von dem Zodiakus weit abgelegenen Pavillon anweifen follen; wiewohl bey der anfehnlichen Menagerie und der gefährlichen Ritterfchaft am Olymp die Auffindung eines beſſern Reviers äuſſerſt fchwer fallen möchte. Unmasgeblich könnte man die holde Schöne — *Maria Corday* woll'n wir fie nennen — nach der Milchſtraſſe bey *Friedrichsehre* hinbetten, und damit fie auch weſtlich nicht minder gute Nachbarfchaft hätte, als fie oftwärts an dem doppelten Ehepaar haben würde, fo dächten wir, lieſſe man von der füdlichen Halbkugel den *Phönix*, *Paradiesvogel* und *Pfau* in Begleitung der *Biene* und *Taube* zu ihrer Leibwache hinfliegen, und in die verlaſſenen Plätze den dickköpfigen *Drachen* und räuberifchen *Fuchs*, famt *Delphin* und *Eidechfe* vom Keulenfchwinger *Bootes* mit feiner Kuppel Hunde hinjagen. Doch diefer Vorfchlag gilt nur einftweilen! Denn ungleich beſſer wäre es, wenn man jene unwürdig mit Sternen gezierte Thiergefchlechter aller Art vom Firmament delogirte, und alle Juwelen des Himmels wahren Vaterlandsvätern verehrte.

dacht, dafs fie auch unfer einem, bey der fo weiten Entfernung von ihr, einen folchen Schabernack fpielen, und uns in ein Labyrint von Entfchuldigungen u. f. w. liftig verftricken würde, aus dem ohne Ariadnens Knäuel uns wieder herauszufinden, wir beinahe verzweifelten. Doch, Dank fey dem Mufenpapa Apollo! Wir find nun ohne Verirrung aus jenem Dickigt wieder in's Freie gelangt! — Dank ihm, und abermals Dank! Eine Verzeihungsbitte haben wir glücklich vom Stapel unfers Herzens ablaufen laffen! — Hurtig mag, weil's fo gut, obgleich langfam ging, eine zweite mit allerfeitiger Erlaubnifs hinterher fegeln! —. Wohlan! Unfere einheimifchen Gäfte von teutfchem Stamm und Geblüte wollen geruhen, den gänzlichen Mangel eines Büffet's nicht ungnädig zu nehmen, und diefe leidige Inkonvenienz mit der Unmöglichkeit beftens entfchuldigen. Schwerlich aber werden fie als ächte trunkliebende Teutfche — bey unfern ziemlich gefalzten Speifen zumal, — ganz ohne Wein tafeln können, was auch in der That zu viel verlangt, und felbft Paulus weifer Vorfchrift gerade entgegen wäre. Mögen fie demnach famt und fonders aus — ihren eigenen hundertjährigen Fäffern fich nach Herzensluft gütlich thun, und ihr Bedürfniſs befriedigen! Indeſs um auch unſrerſeits etwas zu dieſem Behuf zu ſpendiren, haben wir eine anſehnliche Partie *Friedrich Wilhelms - Geſundheiten* (*) mit untermiſchten *pereant die Franzoſen!* in unſerm Keller (**) vorräthig, deren ſie ſich bey ihren dermaligen Libationen nach Belieben bedienen wollen. Sicher wird dieſe Beiſteuer, wie Zucker unter den Seckt gemiſcht, dem lieben Rebenſaft noch einen ſchönern Geſchmack geben. — Nicht minder haben wir auch zum allerſeitigen Vergnügen für Tafelmuſik Sorge getragen, und die beygefügte Hieroglyphenſchrift ſowohl auf der Vorder- als Rückſeite mit einem Adagio ausgeſtattet; von deſſen

(*) Zur Probe kredenzen wir folgende, doch eben nicht von *prima ſorte*, wie man wohl denken möchte:

Sonſt hab' ich, als Preuſſens König-Bekenner,
Am feſtlichen vier und zwanzigſten Jenner
Beim Vivat der König! die Zunge gelezt:
Acht Monate ſpäterhin ruf' ich es jezt.

(**) Wollte ſagen: in der MAURERſchen Buchhandlung; woſelbſt auch die vorerwähnten Bravourlieder, die beim Mardi-gras die Stelle des *pain blanc* vertreten können, ſowohl *en detail* als *en gros* für — ein Spottgeld zu haben ſind.

*

Effeckt wir aber noch nicht urtheilen können, da unser *Forte-Piano* jezt sehr verstimmt ist.

Leider! sind wir einmal in's Bitten hineingerathen und gehet es uns wie teutschen Trinkern, (*) die sich ungern mit zwei Flaschen begnügen. Wohl oder übel sehen wir bey unsrer Fökundität uns gedrungen, das Trifolium zu vollenden, und statt Zwillinge gar Drillinge hervortrippeln zu lassen. Kurz! wir ersuchen mit einer tiefen Verbeugung zum dritten und lezten unsre Kompatrioten, den *Dialogue entre l'Auteur et Monsieur N. N.* ganz zu überschlagen, und ihn als ein *noli me tangere* oder *Surtout* gefälligst zu respektiren; zumal jener mit Germanismen reichlich gesegnete Jargon einzig und allein als erspriessliche Lektüre für die gottvergesnen Franzosen bestimmt ist: theils um diese stolze Nation, die unsre Sprache so arg kauderwelscht, mit gleicher Münze zu bezahlen; theils auch um die heillosen Franken durch die von uns absichtlich ge-

---

(*) Wie doch wohl der französische Schäcker heissen mag, der folgende grobe Unwahrheit schrieb? „*Les Allemans ne se soucient pas, quel vin ils boivent, pourvû que ce soit vin.*" Nun, wahrhaftig! wenn man lügen will, muſs man recht lügen, oder es ganz bleiben laſsen.

wählte Monotonie eben so glücklich von Teutschlands Grund und Boden zu religiren, (*) als schon vorzeiten Terentius Varro durch den Spruch: *Sista, pista, kista, xista*, die Heilung des Zipperleins mehrmals bewirkt hat; ein Beispiel, das, wie uns dünkt, die untrügliche Zauberkraft, die dem *Unisonum* eigen ist, hinlänglich beweiset. Jedem stehet indess frei, dieses magische Kunststück nach Herzenslust zu bezweifeln; schon völlig zufrieden werden wir seyn, wenn nur obige wohlgemeinte Warnung nicht in den Wind gekräht ist, und unser Sprüchlein: „Kostet alles, und das Beste behaltet!" mit gehöriger Ausnahme befolgt wird. Falls man aber aus unwiderstehlichem Drange sich dessenungeachtet gelüsten liesse, von jenem französischen Schaubrod zu naschen, so wird jeder Billigdenkende, dem unser Fliegengift übel bekommt, uns sicher von aller Schuld und Verantwor-

(*) Ein gewaltiger Strich durch unsre Rechnung wäre es in der That, wenn jene ohrenfolternde Gleichtönigkeit die bezweckte Wirkung verfehlen sollte. Fast befürchten wir dies, da alles Gleiche jezt den Franzosen so ausnehmend gefällt. Nicht zu früh woll'n wir drum *ça ira* singen, sondern den Verfolg fein ruhig abwarten.

tung frei fprechen. Wer jedoch feinen Unmuth nicht zähmen kann, der mag Pauli heilfamer Regel eingedenk feyn, und fein neugieriges Auge — ey! bey Leibe nicht! — nein! blos die Blätter des ärgerlichen Dialog's mir nichts dir nichts ausreiſſen.

Wenn wir nicht irren, fagten wir vorhin, daſs wir mit der dritten Bitte Halt machen wollten. Leid, fehr leid jedoch iſt es uns, fo früh das Segel eingezogen zu haben; wäre dies nicht gefchehen, oder unfer einer leichtfinnig genug, fein Wort zu brechen, fo würden wir noch ein paar kleine Ditos Hott machen. So aber Hand ab! — Doch ein Seemann weiſs fich bey flachem Waſſer zu helfen, und braucht zur Ausladung den Lichter; *item* wir — in dermaliger Klemme, zur gänzlichen Ausleerung des Herzens — die Note, da es im Text nicht mehr zuläſſig iſt. (*)

(*) Wohlan! wie lautet denn deine vierte und fünfte Bitte? wird man hoffentlich fragen. — Antwort: Vergieb, lieber Landsmann, alle und jede Unarten, deren wir uns fchuldig gemacht haben; imgleichen die mancherlei Druckfehler, die wir am Ende treulich aufzählen wollen. Um fo eher erwarten wir Verzeihung von dir, da fie alle zufammen lange nicht fo arg find, als jener eine, der fich in einer *Londner* Bibelausgabe befindet, wo im

Sintemal und alldieweil wir nun von Stund' an nicht mehr mittelst Bitten laviren wollen, so ergreifen wir sofort das Steuerruder der Hoffnung. Zuvörderst also schmeicheln wir uns, keiner, der vorgedachten Dialog nicht überspringen kann, werde uns nachsagen können, daſs wir alldort den französischen *Bon ton* vernachläſsiget, da wir nach Landessitte mit *ventrebleu* und ähnlichen Exklamationen gewiſs nicht sparsam gewesen. Auch fürchten wir, wegen der Menge von Satyren und Epigrammen (*)

20sten Kapittel des zweiten Buch Mosis nach den Worten: D u s o l l s t — das Wort: n i c h t, ausgelassen ist. — Und hiemit hätte vorjezt unser Sündenregister ein Ende! — Denn Bitten um Nachsicht, daſs wir die Franzosen mit so wenig Schonung behandelt, wird von uns kein ächter Teutscher verlangen. Vielmehr könnten wir mit *Shakspeare* ausrufen:

O pardon me thou bleeding piece of earth,
That i am meek and gentle with thy butchers.

(*) Ueber den Einfall, kleine Epigrammen am Mardi-gras aufzutischen, dürfen die Kostverächter eben nicht die Augen verdrehen, noch sie für den heutigen Schmaus zu gering halten: da selbst der Gouverneur einer gewissen Stadt, der ein wahrer Apitius war, einst auf dergleichen Appetit hatte. Als dieser nem-

über ein und daſſelbe Thema kein ſaures Geſicht zu bekommen, zumal wir's bey weitem nicht ſo arg gemacht haben, als der Engländer *Arthur Hildesham*, der im vorigen Jahrhundert über die 7 erſten Verſe des 51ſten Pſalms 152 Predigten aus ſeinem Schachte zu Tage gefördert. Genau erwogen konnten wir den *Pairs* und *Barons* (*)

lich von den Grafen X Y hörte, daſs er kürzlich bey einem Dichter geſpeiſet, und ſein hoſpitaler Wirth ihn mit einem herrlichen Epigramm bedient hätte, ließ er ganz ungehalten ſogleich ſeinen Koch rufen, und gab ihm einen derben Verweiſs, daſs er ihm noch keine Epigrammen zu eſſen gegeben, mit dem ſtrengſten Befehl: eine reichliche Schüſſel davon für die morgende Tafel zu ſchaffen, koſte ſie, was ſie wolle! —

(*) Wohl Recht hat Vater HORAZ, wenn er ſchreibt:

Multa renaſcentur, quae jam cecidere, cadentque,
Quae nunc ſunt in honore vocabula, ſi volet uſus.

Nicht allein Menſchen, ſondern ſelbſt Wörter ſind dem Wechſel unterworfen. Beide ſteigen oder fallen gleich einem Thermometer, je nachdem das wetterwendiſche Glück ihnen hold oder ungünſtig iſt. Franzoſen der unterſten Klaſſe avanciren ſich zu Barons, und Wörter von geringer Bedeutung gelangen zu hö-

nach Standesgebühr auch nicht weniger als *acht* Schüsseln vorsetzen. (*) — Ferner versehen wir uns eben so wenig, troz dem was HORAZ (**) sagt, die bittere Kränkung, daß die anmaaßlichen Feinschmecker manches nicht dem *haut gout* gemäß genug finden werden. Sollten wir jedoch, da der Gusto äusserst verschieden ist, den von unserm freimüthigen Altmeister geweißagten Tadel der Naserümpfer erleben, so trösten wir uns mit dem vollen Bewußtseyn, alle unsre Kunst aufgeboten und nach bestem

    herer Dignität. So z. E. hieß BARON in der alten Gothischen Sprache — der Teufel, in der Lombardischen — ein Landläufer und in der teutschen nimmt man's für — Freiherr. In welchem Sinn wir jene Mordhelden, auf die alle drei Bedeutungen passen, Barons genannt haben, springt jedem in's Auge.

(*) Daß die angegebene Anzahl der Bogen, jedoch ohne Vorrede, seine völlige Richtigkeit hat, kann ich aufs gewissenhafteste hiedurch bescheinigen.   *Der Corrector.*

„Schuldige Danksagung, lieber Mann, für das glaubhafte Attest. — Nun komme mir einer, und spreche von wenigern Schüsseln!"

(**) — — *Balatro suspendens omnia naso,*
    Haec est conditio vivendi, — — eoque
    Responsura tuo nunquam est par fama labori.

Wissen und Willen auf Hochgeschmack und Variation der Saucen Tag und Nacht raffinirt zu haben. (*) Zwar hätte allerdings manche Affiete mehr Douceur und Fümét erhalten, wenn wir unser Convivium noch einige Monate aufgeschoben; unser Mitleiden aber gegen die französischen *Gourmands à la Dufour* (**) wollte dies nicht zulassen. Im Grunde auch ist — im Vertrauen gesagt! — die dermalige Tafelfracht in Rücksicht der Franken mehr Präparat aus *Galen's* als aus *Comus* Laboratorium, mit einem Wort: temperirende Arzeney, (***) und solche kann

(*) Ein verwünschter Streich wär's, der uns warlich versteinern würde, wenn wir durch Selbstlob uns NASIDIENUS Schicksal zuzögen, und ein neuerer FUNDANIUS ausriefe:

*Suaves res! si non cauffas narraret earum, et
Naturas dominus; quem nos fic fugimus ulti,
Ut nihil omnino guftaremus; velut illis
Canidia adflaffet, pejor ferpentibus Afris.*

Für dies Herzeleid wollen uns die Götter bewahren! —

(**) Was für ein beispielloser Vielfraſs dieser *Dufour* gewesen, darüber kann man das Hannöversche Magazin v. J. 1783 nachsehen.

(***) Selbst auch manchem teutschen Hypochondristen kann durch Erschütterung des Zwerg-

man oft nicht schnell genug reichen. — Am allerwenigsten endlich erwarten wir wefells unsre jovialische Mixtur heilsam seyn, und seine schwarze Galle verschwemmen, was wir von Herzen wünschen. Schon BACON empfahl in seiner *Historia vitae et mortis* muntre und leichtgeschriebene Werke zu lesen, *ums Lebens- und Sterbenswillen;* und LAURENZ STERNE wollte dieses Genesungsmittel sogar der *Materia medica* einverleibt und in die nächste Ausgabe des Londner Dispensatorium's eingerückt wissen. — „Warum," sagt er, „sollten wir an einem freien Ausdruck Aergernifs finden, der einen so heilsamen Entzweck hat? Welche Freiheiten mufs man nicht Wundärzten, besonders in Entbindungsfällen — zur Erhaltung und Errettung des Lebens, bey der keuschesten Matrone verstatten? Mit einem Wort! Ich halte viel auf einen Einfall, und gestehe, dafs ich's nicht immer so genau untersuche, ob er *schwarz* oder *weifs* ist. Aber was hat das zu bedeuten? Gelehrtere Leute, als ich, haben's auch so genau nicht genommen — und wenn er uns nur belustiget, so deucht mir, ist es mehr Verzärtelung als Weisheit, zu untersuchen, durch welches Medium." Dies allen Rigoristen zur geneigten Beherzigung, besonders den Recensenten. „Wahre Kritiker, schreibt er kurz zuvor, jagen zum Vergnügen, wie junge Falken: aber die Auffeher, wie Geier, blos für den Raub. Und dieser Ursache wegen halte ich

gen des lateinischen Anhangs Vorwürfe; im Gegentheil versprechen wir uns für diese spedirte Italiäner-Waare eine nicht geringe Ernte von Dank. Zwar liefert freilich unser Appendix nur aufgewärmte Gerichte, doch, deucht uns, sind solche vom Auslande zumal — für den Kenner immer mehr werth als hiesige kalte Küche, und dürfte die Parömie: *quod procul affertur, dulcius esse refertur*, vermuthlich auch hier sich bestätigen. (*) Eben deshalb tischen wir auch jene Delikatessen ganz zulezt auf, da man nach dem bekannten Sprüchwort: „Ende gut, alles gut!" das Beste gern zum Final aufhebt. Nur wollen die werthen Herr-

dafür sollte man gegen die armen Teufel selbst nicht so strenge verfahren. Sie sollten mehr Gegenstände unsers Mitleidens als unsrer Rache seyn, da sie, wie die Scharfrichter fürs Brod exekutiren müssen." Wohl! Lieber Sterne! Mit diesem Glauben wollen wir leben und sterben.

(*) Um bey den Parodieen die Illusion nicht zu stören, haben wir die Namen der Dichter mit Fleiss weggelassen, völlig versichert, dass jeder, der mit Virgil, Horaz, Ovid, Katull, Persius, Juvenal u. s. w. Bekanntschaft gemacht und sie fortgesezt hat, gar bald merken wird, wess Geistes Kinder die mitgetheilten Bruchstücke sind.

schaften uns nicht so wenig *savoir vivre*
zutrauen, und glauben, daſs wir ſie mit der
gegenwärtigen Beſcheerung (*) ſchon gänz‑
lich abſpeiſen. Behüte! das würde ſich für
einen *Lukullus* ſchön ſchicken, ſeine Gäſte
aus dem Apolloſaal ohne Deſſert zu entlaſſen.
Wie arg würden wir dann gegen alle landüb‑
liche Tafelordnung vorſezlich verſtoſſen! —
Nein! Was einmal Sitte iſt, dem muſs man
willig ſich fügen; vorausgeſezt, daſs es nicht
zu biſarr iſt, wie zum Beiſpiel die Mode der
Bühne, die nach einer herzbrechenden Tra‑
gödie oft noch ein komiſches Nachſpiel
friſch hinterher folgen läſst. Immerhin!
mag ſie! wir unſers Parts werden uns für
ſolche Kopulirungen hüten, und ſämmtliche
Mardi‑gras‑Intreſſenten über kurz oder
lang (**) *comme il faut* noch mit einem

(*) Was im Grunde wollen auch unſre acht
Schüſſeln ſagen gegen die bey den Chineſen
gewöhnlich zehnmal ſtärkere Anzahl! Nicht
der Allermann's‑Féten des *Samorins* von Ca‑
licut zu gedenken, bey welchen wegen der
Menge von Speiſen, viele Gäſte durch Ueber‑
ladung des Magens tod bleiben, ſo daſs, wenn
man die Pracht eines Feſtes recht rühmen
will, man die Zahl der Perſonen, die dabey
zerplazt ſind, mit lautem Lachen hinzufügt.

(**) Ja wohl! über ∪ oder —! denn Monat,
Woche und Stunde laſſen ſich vorjezt nicht

köftlichen Nachtifch — nur nicht im Theatergefchmack! — regaliren. Mögen die werthen Gäfte, wenn fie den Inhalt der Schüffeln gehörig verdaut und in *fuccum et fanguinem* gänzlich vertirt haben, bis zum Deffert ihr bilderfüchtiges Auge an den bunten Scenen, (*) die wir im Hinter-

beftimmen. Wie leicht könnten wir ohn' unfer Verfchulden als Lügner beftehen, wenn wir uns felbft einen peremtorifchen Termin anberaumten, wär' er auch noch fo entfernt! Genug, dafs wir Wort halten, ohne eben *cavalierement* einen derben Trumpf drauf zu fetzen. Um fo gewiffer läfst fich auch jenes Verfprechen erfüllen, da unfre Epigrammen, ohne alle Pralerei, fchnell wie die Köpfe der Hydra eines aus dem andern hervorwachfen. Doch zum Beften des werthen Jedermanns, worunter wir aber mit nichten den Janhagel begreifen, woll'n wir gar fchön das Eile langfam befolgen, eingedenk jenes Sprüchwort's: *Canis feftinans caecos edit catulus.* Zu teutfch: Was man bey Flinkheit gewönne, würd' man an Güte verlieren.

(*) Jedem Oedip, der unfer leichtes Räthfel auflöfet, und über uns Ach und Weh fchreit, geben wir ein für allemal den Befcheid: Was fich der *Clerus* erlaubt, kann der *Laie* um fo eher. Sah man doch zur Zeit *Rabelais* an dem Portal St. Johann in Lyon die Empfangnifs des heiligen Johannes in einem Basrelief dergeftalt abgebildet, dafs Zacharias und Eli-

grunde aufstellten, nicht minder ergötzen, wie an einem Zwischenballet in der kriegerischen Oper. (*) Dies zur dienstfreundlichen Nachricht und hiemit Basta. — (**)

sabeth in einem Bette zusammen lagen. — So auch befindet sich noch jezt in der Kirche eines Karmeliterklosters zu Rom eine Statue der heiligen Theresia, von BERNINI so lebhaft in der höchsten Entzückung der Liebe vorgestellt, dafs solche des Tempels zu Gnidus weit würdiger wäre. Ferner edirte D. SCHUPPIUS, weiland Prediger zu Hamburg, eine Sammlung von Schriften, in welcher Ernst und Scherz mannichfach abwechseln; z. B. nach einer frommen Betrachtung über Golgatha folgt das Gemählde der Korinna. — Auch kann man das geistliche Brautexamen eines Wiener Predigers, welches im ersten Bande des neuen teutschen Zuschauers abgedruckt ist, füglich hieher rechnen. Mehrere Exempel nicht zu erwähnen, die ohnehin bekannt genug sind.

(*) Versprochen! *opera buffa* wollten wir sagen! Denn unsern sogenannten Mardi-gras mit einer *Opera seria* in Parallel zu stellen, wäre, bey allen dreimal drei Musen! der unverzeihlichste Jokus.

(*) Wir wollen nicht hoffen, die lieben Leutchen werden sich über uns drob beschweren, dafs wir sie so lange in unserm Sprachzimmer aufgehalten, nicht früher „Basta!" gesagt

Jezt, wenn's gefällig ist, geschwinde zur Tafel! — Eine Loosung, die dem Efslustigen nach langer Kasteiung eben so lieblich in's Ohr klingt als einer lüsternen Braut der Zuruf des Bräut'gams: ,,zu Bette! zu Bette!" — — Aber halt! Jener Appel kam zu früh! Erst über ein kleines kann der erwünschte Hoppas in den sternenvollen Schmaussaal (*) beginnen. Unser stattli-

haben. Wer mit lieben Brüdern plaudert, zählet so wenig Minuten als er fürchtet überläßig zu werden. — Hätten wir statt des herzlichen *Tête-à-Tête l'Hombre*-Partieen arrangirt, wären die Herren vielleicht tief in die *Bête* gerathen und wohl noch um keine zwei Stunden auseinander. Immer besser also sind sie bei unserm Discours als beym leidigen Spiel weggekommen, wobey sie weniger Zeit, und keinen Kreuzer verloren. —. Auch werden wir als Wirth nicht die Unart begehen, uns bey unsern Gasten zu beurlauben, sondern so frei seyn, ihnen beym Diner.. — Gesellschaft zu leisten und sie mit Randglossen unterhalten.

(*) Je! unser Refektorium darf mit seinem Flitterstaat sich keineswegs breit machen! Unser jetziges Sprachzimmer zählt in seinem dreimal geringern Flächeninhalt gewifs eben so viel wo nicht mehr Sterne, die jenen an Gröfse nichts nachgeben, ja! wohl mitunter gleich Kometen eine Schleppe hinterweben

cher Speifezettel, den wir nach Sitte der Engländer zur beliebigen Auswahl der Gerichte uns die Ehre geben zu überreichen, buhlt noch zuvor um einen gefälligen Anblick, und diefen — wird man ihm doch nicht verweigern? Je länger man faftet, je beffer fchmeckt drauf die Mahlzeit. Nur wolle man, nach PLAUTUS Maxime, (*) dem Guten nicht auf einmal zu viel thun, und die Seite 4 befindliche diätetifche Note ja fein beherzigen. — Doch fo ganz ftumm wie ein Fifch können wir vorgedachten Katalog unmöglich übergeben, ob wir uns gleich fchon ganz heifer und fo kaput harangirt haben, dafs wir fchwerlich *ftante pede* ein modernes Kompliment *in optima forma* zurecht drechfeln dürften. Möchte doch Nothanker HORAZ uns aus der Verlegenheit reiffen! — Fruchtlofer Wunfch! Unfer Ohr laufcht vergebens! So ein braver Souffleur er fonft ift, verfagt er uns jezt doch den Dienft. — Wo nun in aller Welt Troft her? — Wie kleinmüthig! woher

---

laffen. Ueberdem, ein Dutzend weniger kommt hier nicht in Anfchlag, wenn auch wirklich eine Minorität fich ergäbe.

(*) *Verecundari ad menfam neminem decet, five: Utilis in menfa non folet effe pudor.*

anders, als vom Helfer Apollo, der uns noch nimmer im Stich liefs. Frifch dann an's Werk! *Dimidium facti, qui coepit, habet! — Audentes Deus ipfe juvat!* lehrt uns HORAZ und OVID. Hurtig drum ein's aus dem Stegreif!

 Wohlan, ihr lieben teutfchen Gäfte!
 Ihr biedren Brüder und Orefte!
 Seyd fo gefällig und empfangt
 Den Abrifs unfrer Faftnachts-Köfte,
 Nach dem euch hoffentlich verlangt,
 Und wählt von allem — nur das Befte!
 Tenez, mes freres! mes chers amis!
 Je vous fouhaite un bon appetit.

erst lasst die Herzen sich verbinden,
Und eins in eins geschlungen seyn:

Ça ira!

LATERNA

—Quod vaghe dicere non est.

ΡΕΗΡΕΤΝΙΗ. ΣΤΝΟΠ. ◆

▬ΔΝΤΟ. ⚔ ΜΕΝΙΣ. ΤΙΜ. ΣΙW. ΟΤΣΕΡΠ.

ΡΕ. ΕΧΕΤΣ ♠ ΤΙΜ.

ΝΕΜΣΛΒΡΕΦ. ΤΟΖ. ΧΡΤΟΔ. ΣΜΓΟ. ΡΕΔΟ.

⚔ ΜΕΚΡΑΤΣ. ΤΙΜ ◯ ΜΕΔ. ΧΑΝ.

Zu

MAGICA.

Siquis perficile est. —

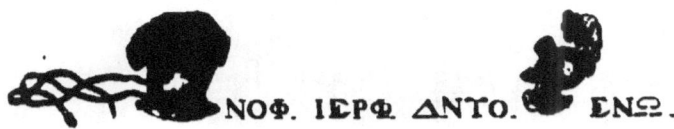
ΝΟΦ. ΙΕΡΦ ΔΝΤΟ. ΣΝΩ.

ΝΙΣ. ΣΛΑ. ΓΙΜΜΙΡΓ. ΤΧΙΝ.. ΡΥΟΝ.

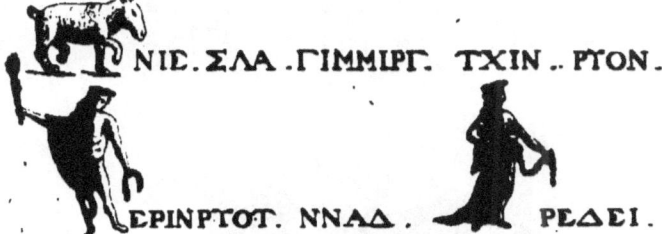
ΕΡΙΝΡΥΟΥ. ΝΝΑΔ. ΡΣΔΕΙ.

ΣΑΔ.. ΜΕΔ. ΤΙΜ. ΤΣΡΣ.

(ΝΕΜΣΙΖ. ΣΧΙΣ. ΛΛΙW. ΡΥΟΝ. ΟΣ.) ΔΟΡΜΙΝ.

Teutsch.

Nicht am — *und nicht an* —

Was weitre wird sie denn schon singen
Und Taubenspiel das Herz erregen.

Ca va!

Avis aux François,
zu teutsch:
Küchenzettel.

Haec tu fercula tam superba, Galle,
Noli spernere, nec putare parvi.
CATULL.

Euch renommirten Kopfwegputzern,
Euch Teutschlands Ratten und Schmarutzern,
Euch regalir'n wir zum Diner
Ein teutsches Paddenfrikassee,
Mit Trüffeln, Champignons, Maronen,
Seespinnen, Schnecken, Skorpionen,
Wie sich's für euch Baron's gebührt,
Auf's köstlichste assaisonnirt.
Wir bitten es nicht zu verachten,
Weil's unfre teutsche Hände machten;
Gewiß! wir geben's euch so schön,
Euch europä'schen Krokodillen,
So gut und schön, wie wir's versteh'n:
Nehmt drum mit dem Traité für Willen.

A

Je! was bezweifeln wir dies noch!
Der Hunger ist der beste Koch,
Und dran, wie Fama uns erzählet,
Hat's eurem Schlunde nie gefehlet.
Nun wohl bekomm's! Frisch zugelangt!
Gleichviel, wenn ihr uns auch nicht dankt!
Denn nach wohlangefülltem Magen
Dem Hospes gratias zu sagen,
Ist eben eure Sache nicht,
Am mind'sten wenn's an Wein gebricht.
Laut hören wir euch Schlemmer sprechen:
„Wer uns bewirtet ohne Trank,
„Ohn' dafs wir uns von Sinnen zechen,
„Dem wissen wir gar schlechten Dank."
Mögt ihr dann immer auf uns schimpfen,
Gesichter schneiden, naserümpfen:
Nie bringt uns dies um unsre Ruh,
Gar herzlich lachen wir dazu.
Zum Trostgrund kann euch durst'gen Bienen,
Bey unserm Mahl ohn' Rebensaft
Die rühmliche Kollegenschaft
Mit Schaafen ohnmasgeblich dienen;
Bekanntlich pokuliren die
Genannten Herrn bey Tafel nie.

Doch jezt zurück zu unsrer Küche,
Nicht minder wie ein Potpourri
Voll aromatischer Gerüche.
  Genau erwogen; dürfte euch
Famösen gierigen Harpyien
Wohl schwerlich an dem Paddenleich —
An unserm Ragout fin genügen,
Auch säh's vom Wirt zu wirtlich aus;
Reich überdem ist, ohn' zu lügen,
Dermalen unser Vorrathshaus.
Um euch drum ganz zu kontentiren
An dem brillanten Mardi gras,
Woll'n wir euch noch Ambrosia,
Gewürzt mit Assafötida,
Aus Latiens Gebiet serviren.
Die soll, auf Ehre! jede Maus
Vor ihrem kläglichen Garaus
Ganz unvergleichlich restauriren!
Ja! um recht flott zu bankettiren,
Wird endlich euren Henkerschmaus
Ein stattliches Dessert beschließen;
Nur laßt's euch Gäste nicht verdrießen,
Eilt des Konditors Leckerey
Nicht gleich auf eurem Wink herbey. —

Ihr wißt ja, ihr Monarchenfresser,
Was lange währt wird um so besser. —
   Drum sintemal und alldieweil
Die Köche nicht, troz allem Rennen,
Praestanda gleich prästiren können,
So habt ihr Nascher keine Eil;
Das heißt: macht hübsch bey eurem Schmause
Zuweilen eine kleine Pause,
Und fall't nicht, wie ein Wolf und Bär,
Plump über unsre Schüsseln her —
Kurz! denket nicht, ihr seyd zu Hause.
Auch werden euch die Schleckereyn
Dann besser schmecken (*) und gedeihn. (**)
Adieu, Messieurs! à revoir!
Mais, comme s'entend, ne qu'au soir;
Und nun, nachdem wir's euch kredenzt,
Nicht lange weiter reverenzt!

(*) *Wer's nicht glauben will, höre was Göcking sagt:*
   Lies Lessing's oder Kästner's Epigrammen
   Der Reihe nach mit einem mal,
   Dann wirst du sie zur Hälfte schaal
   Geradeweg verdammen;
   Lies täglich zwey, so lobst du sie zusammen.

(**) *Ja! gedeihn mögen sie ihnen nicht minder, wie*
   Daniels Kuchen dem Drachen zu Babel!

Postskript.

Sponte bonis mos est convivia adire bonorum.

Zwar sind zu unserm Komusfeste,
Das Miſs Thalia arrangirt,
Blos die Neufranken Pairs als Gäste
Von uns par Carte invitirt;
Doch ist auch unsern Landsgenossen
Der mit poet'schem Kordial
Reichangefüllte Speisesaal
Für den Entreepreis unverschlossen.
Stellt euch sonach hübsch zahlreich ein,
Ihr vielgeehrten Herrn und Damen!
Ihr werdet uns, mit Ja und Amen!
So früh als spät willkommen seyn. —
O! hätten wir doch dann die Freude,
Daſs ihr mit all' der Geistesweide,
Die unsre Feder euch bescheert,
Noch mehr wie wir zufrieden wär't!
Wie würden wir juchheissa singen,
Und hopsa über hopsa springen!

Protest.

Planta transposita non coalescit.
SENECA.

Wie? meynt ihr etwa, daſs wir träumen,
  Ihr Freiheitstrunkenbold's?
Geht uns mit euren Freiheitsbäumen!
  Fort mit Franzofenholz!

In unferm vaterländ'fchen Reiche
  Grünt fchon ein fchön'rer Baum,
Genannt: Vafall'n - und Bürger - Eiche;
  Für euren ift kein Raum!

Verdorr'n auch würden Stamm und Rinde
  Und alle Aefte gleich,
Denn wifst: es fehlen Frankreich's Winde
  Zum Glück dem teutfchen Reich.

Noch nie (*) auch düngte Teutfchland's Boden
  Ermord'ter Bürger Blut —
Und kurz! wir bleiben Antipoden
  Von eurer Freiheitswut.

(*) *Wohlzuverstehen, in unserm aufgeklärten Jahrhundert.*

Ja! um euch wieder zu empören,
    Wie ihr uns hoch empört,
Mögt unser Volksgebet ihr hören,
    Das unser Herz uns lehrt.

Volksgebet.

Dicamus bona verba! — —
                    Tibull.

Vater unser, der Du herrsch'st auf *Preussens* Thron,
Heilig werd' Dein Name, glorreich ist er schon;
Immer mehr verbreite sich Dein Königreich;
Deinem Will'n gehorche jeder Bürger gleich;
Schaue auf uns ferner voller Vaterhuld,
Und vergieb uns allen unsrer Pflichten Schuld;
Gleichwie unserm Nächsten willig wir verzeihn;
So auch lass uns immer Gnade angedeihn.
Führ' nicht in Versuchung unser schwaches Herz;
Deine Hand erlöse uns von jedem Schmerz,
Denn Dein ist die Herrschaft, Kraft und Herrlichkeit;
Dein sind unsre Herzen bis in Ewigkeit.

Einmacht, Eintracht.

Credite me vobis folium recitare Sibyllae.
    JUVENAL.

Was Wunder, daſs zu dieſer Friſt
In Fʀᴀɴᴋʀᴇɪᴄʜ⁓ (*) blutgedüngtem Lande
Statt Eintracht lauter Zwietracht iſt!
Noch nie, wie ſchon ihr Leſer wiſst,
War's anders bey 'ner Mörderbande.
Blos da, wo Einer nur regiert,
Nur eine Hand das Zepter führt —
Allein in weiſen Monarchieen
Kann bürgerliche Eintracht blühen;
Gleichwie nur Herzenharmonie
Statt findet bey Monogamie,
Und nicht bey vielen Konkubinen,
So emſig ſie uns auch bedienen.
Viel Köche, ſagt mein Papagey,

(*) So und nicht anders ſollte der Name dieſes Landes, wo bey der jetzigen Anarchie alles drunter und drüber geht, billig geſchrieben werden, wenn es nur nicht zu ſehr das Auge frappirte. Einmal haben wir es gewagt, aus Achtung für den Leſer ſoll es nicht wieder geſchehen.

Verderben allemal den Brey,
Und mengen, foll mich Zevs verdammen!
Ein Hexenfrikaſſee zuſammen. —
Hört weiter, wenn es euch gefallt!
Jedwedes Völkchen unſrer Welt
Beſteht aus lauter groſsen Kindern:
Höchſtnötig iſt ein Mentor drum,
Um allen Knaben - Skandalum
Und kindiſchen Rumor zu hindern;
Sonſt ſpringen ſie auf Tiſch und Bank,
Und fördern ihren Untergang.
Zwar Graf Rocheſter (*) denkt ganz anders
Und haſſet alle Alexanders —
Wie? denkt? — bewahre! nein! er träumt,
Sonſt ſpräch' er nicht ſo ungereimt.
— Halt! Eben werd' ich unterbrochen,
Man ruft: „o bravo! wahrgeſprochen!
„Hab, lieber Sirach, vielen Dank,
„Und harm', wenn gleich die Franken pochen,
„Weil du ihr Weſpenneſt durchſtochen,
„Dich, guter Junge, drum nicht krank."

(*) *Verfaſſer des Trauerſpiels: Valentinian, oder die Belagerung von Leiden.*

Königstreu. (*)

*— Quisquis sapiensve bonusve est,
Amat principem suum quantum potest.*

HOMER.

Bernardot, du Einziger von allen!
    Königstreuer Unterthan!
Laſs — o laſs dir meinen Gruſs gefallen,
    Meinen herzlichen Paan!

Laſs mit hohem, innigen Entzücken,
    Gleich wie du voll Königstreu,
An mein Herz, mein Biederherz dich drücken
    Ohne alle Heucheley!

Mögen wir aus zweyen Ländern ſtammen,
    Du gen Weſten, ich gen Nord:
Unſre Herzen ſtimmen doch zuſammen
    Im harmoniſchen Akkord.

(*) *Herr General Packhofs Inſpektor Bernardot zu Stettin ſchrieb im März d. J. an den König: Er wäre ein geborner Franzoſe; die jetzige Denkungsart derſelben aber ſey ihm ſo verhaſst, daſs er ſeinen Namen nicht mehr leiden könne. Er bäte daher, ſolchen ändern und ſich Königstreu nennen zu dürfen. Sein Geſuch ward ihm bewilligt.*

Wären sie — all' deine Landsgenossen
Dir an Sinnesart doch gleich —
Nicht ihr Herz ganz dem Gefühl verschlossen:
Glücklich — glücklich wär' ihr Reich!

Hülfstruppen.

Dii vestra incepta secundent!
  VIRGIL.

Schon längst focht gegen euch
Französische Pyraten,
Das Heer der Hippokraten
Im heil'gen röm'schen Reich.

Jezt müssen, leider! sie,
Doch ohne sich zu schämen,
Gott Mars zu Hülfe nehmen
Bey der Epidemie.

Wir wünschen der Allianz
Viel Glück und Heil und Segen
Auf allen ihren Wegen
Bey ihrer Kuriustanz.

Europa an Paris.

Quid gladium demens augusta stringis in ora?
Hoc admisisset nec Catilina nefas.
MARTIAL.

Gesündigt schwer,
Wie einst Lukretia,
Hast du Lutetia,
Ja! ungleich mehr
Als alle Magdalenen! —
Willst du je eh'r
Je lieber mich versöhnen:
So mach's, Lutetia,
Ganz wie Lukretia.

---

††† *Republick.* †††

Serpentum major concordia.
JUVENAL.

A. Was will das sagen: Republick?
B. Vermittelst Anagrammfabrick
   Heifst es so viel als: Pikerclub,
   Gestiftet durch Beelzebub.

An die Freiheitsmützenträger.

Germanus beatus introrsum est: Galli bracteata felicitas est.

SENECA.

Traun! Euer Kopfputz ist affröfe!
Je! Ihr seyd sonst ja so gustöse,
So überaus originell
Und in Façons inventiöse,
Kopirtet nie noch ein Modell:
Und doch — doch habt ihr Freiheitsschützen,
Seitdem ihr euch baronisirt,
Euch ganz als Affen produzirt,
Und eure feuerroten Mützen,
Beynah noch röter als die Spitzen
Des Kamm's, womit der Hahn stolzirt,
A la Horia (*) figurirt.

(*) *Horia, der bekanntlich der Hauptrebell in der Wallachey war, trug eine turbanähnliche Mütze. Ohnfehlbar ist ihre Façon den Damen noch in frischem Andenken, da sie selbst vor etwa 8 Jahren — kaum sollte man's glauben, dass die Modesucht so weit ginge! — mit Hüten und Toques à la Horia paradirten. Sicher werden sie auch jezt, bey ihrem*

Auch — denkt nicht, daſs ich mich verſchnappe! —
Seh'n ähnlich ſie Bajazzo's Kappe;
Nur freilich ſind ſie ohne Schell'n
Damit euch nicht die Ohren gell'n.
Desgleichen ſcheinen ſie ein Dito
Von einem ſpan'ſchen Sanbenito; (*)

Abſcheu gegen das ewige Einerley, die Chaperons der neuern Rebellen zum Modell nehmen; denn einen Chapeau tragen müſſen nun einmal die Damen, wär's auch nur einer auf der Friſur, wenn's eben kein Chapeau-bas ſeyn kann. Was Wunder drum, daſs die Iſraelitinnen ſogleich den lieben Chapeau von Flor verabſchieden, ſobald ihnen einer von Fleiſch und Bein durch Hymen zu Theil wird! — Zur Steuer der Wahrheit müſſen wir jedoch geſtehen, daſs die lieben Evanstöchter bey den kleinen Chapeaux, welche jezt ihre Lieblinge ſind, weit konſequenter handeln, als bey den vormaligen groſſen, unter welchen ſie ihr ſternenhelles Augenlicht wie unter einem Scheffel verſteckten; nur leider! keinesweges ſo konſequent und erſprieslich für uns männliche Adamsdeſcendenten, die nun auf ihrer ſublunariſchen Laufbahn auf mehrere Irrlichter ſtoſſen, und durch dieſe nach grubenvolle Abwege hingewinkt werden. — Punktum! Denn eben bemerke ich, daſs auch ich jezt durch ein leidiges Irrlicht von meinem Hauptpfad abgelockt bin.

(*) *Eine mit Teufeln bemahlte Mütze von Papier, welche dem von der Inquiſition zum Feuer verdammten Ketzer beym Hinführen zum Scheiterhaufen aufgeſezt wird.*

Doch fehlt noch drauf der schwarze Trupp
Mit seinem Chef Beelzebub.
Je nun! Ihr möget sie behalten,
Indessen lasst es nicht beym Alten!
Folgt unsrer Proposition
Zur Mützen-Dekoration!
Hört an! Statt obiger Bezetten
Und jenen leid'gen Assassin's,
Verschönert sie, ihr *Damiens*, (*)
Mit Gruppen und mit Silhouetten
Von euren treuen Spiefsgesell'n;
Sodann, ihr teuflischen Rebell'n!
Fügt einen Rofsschweif dran, und ferner
Zwey blutbesprizte Büffelhörner
Mit Flaggenschmuck von Tigerfell'n.

   Was saget ihr zu dieser Toque
Mit ihrer Pferdeschwanz-Berlocke?
Nicht wahr? — Sie läfst gar stattlich schön
Und wird euch ungleich besser steh'n,
Als eure plumpe Ohrenglocke;
Wie hier, um dran euch zu erbaun,

(*) *Meuchelmörder Ludwig XV; zum Glück aber kein guter Treffer.*

Gar nett illuminirt zu fchaun. (*)
Fein wollt ihr, ohne euch zu fchämen,
Den Vorfchlag wohl zu Herzen nehmen,
Und folgfam euch darnach bequemen;
Wie wir uns fonft nach euch bequemt,
Ohn' dafs wir jemals uns gefchämt.
Stets waren wir bereite Diener:
Erwiedert's nun, ihr Jakobiner!
Bey Leib' verwerft den Vorfchlag nicht,
Noch täufchet unfre Zuverficht,
Und findet euch nicht drob entrüftet.
Dafs fich ein teutfcher Königsknecht
— Wie ihr Baron's verächtlich fprecht —
Mit Reformator-Einficht brüftet,
Und euch zu meiftern fich erfrecht.
Auch wollt ihr weifen Herrn nicht wähnen,
Dafs wir mit unferm Sklavenhaupt
Uns nach dem Freiheitsturban fehnen —
Da irrt ihr fehr, wenn ihr dies glaubt!
Kurz! wifst: von eurer neuen Mode,
So unvergleichlich fie auch läfst,
Bleibt doch, troz eurem Manifeft!

(*) *Die Urfache, weshalb diefe Abbildung allhier weggeblieben, ift in der Vorrede angeführt.*

Jedweder Teutſcher — Antipode.
Doch halt! — Uns fällt was ein! — Wir wolln,
Um unſre Achtung euch zu zoll'n,
Uns eurer rothen Kopfmaſchienen
Bey — Prangerſtrafen ſtets bedienen.
Auch ſollen ſie uns Popanz ſeyn,
Um Sperlinge damit zu ſcheuchen;
Baſs werden ſich die Naſcher ſcheun,
Schier ärger noch als vor Freund Hain,
Und an den Bäumen und Geſträuchen,
Auf welchen euer Freiheitszeichen, —
Die ſcharlachfarbne Inful ſteckt,
Mit allem ſchuldigen Reſpekt
Für jenen Helm, vorüberſtreichen.

Franzöſiſches Modeſpiel.

Unde leves animi tanto caluere furore?
MARTIAL.

Frankreichs wind'ge Fanfarons
Spielten ſonſt mit Luftballons:
Jezt ſpielt man dort überall
Gar mit Menſchenköpfen Ball.

Jubel der Sansculottes.

*In vitium libertas excidit et vim
Dignam lege regi.*
                                    HORAT.

Triumph! Triumph!
Pik — Pik ist Primafarbe!
Ist Trumpf! ist Trumpf!!
Seht hier 'ne ganze Garbe —
Nicht eine stumpf!
Viktoria! Gewonnen
Wird unser Tout!
Nicht lang sich noch besonnen!
Frisch spielet zu!
Sa sa! schon abgestochen
Ist König Coeur,
Troz allem Lerm und Pochen!
Rasch hinterher
Treff' Carreau mit der Lilje'
Die Circoupreih'!
Ca donc! dann stech' Spadille
Die Trefle zwey!
Die leidige Manille!!
Denn wir — juchhey!

Wir Stürmer der Bastille
Sind frei! sind frei!!
Und spielen en famille
Mit Köpfen gern aux quilles!

Replick der Nordländer.

Hi motus animorum, atque haec certamina tanta
Pulveris exigui jactu compressa quiescent.
VIRGIL.

Windbeuteley!
Ihr — ihr verliert's Codille,
Bey meiner Treu!
Troz eurer Mordspadille
Und Pralerey! —
Schweigt! Bändigt euch!! — wir spielen
Grandissimo!
Und den! — den sollt ihr fühlen
Mit Ach und O!

Zurechtweisung der Libertiner.

Corripe nunc verbis duris, nunc utere virga,
Si sit opus, monstraque viam, qua incedere oportet.
                                   PALING.

Gier nach Veränderung und Neuheit
 Hat euch auch jezt
Zum Stand der Gleichheit und der Freiheit
 Blos aufgehezt.

Doch ihr verdient, fürwahr! die Ruthe,
 Ganz gleich und frei
Kann man nur seyn in der Redoute
 Nachtschwärmerey.

Ganz frank und frei von jedem Zaume
 Und gleich an Stand
Kann man allhie nur seyn im Traume
 Und Fieberbrand.

Wifst! ohne Oberhaupt und Orden
 Und Disciplin
Bedroht den wild'sten Menschenhorden
 Gar bald Ruin.

Freimaurer gar, so sehr verbrüdert
   Sie immer sind,
Sind selbst durch Rang und Stand zergliedert,
   Die meisten blind!

Item: die Dichter und die Mahler, (*)
   Ohn' allen Spott,
Sind gleichwie ihr blos Freiheitspraler;
   Oft — Sansculott!

Kurz! aller Wahn der sieben Künste
   Von Freiheitstanz
Gehört zum Troſs der Hirngespinnste,
   Ist Firlefanz.

Fort drum mit eurem Kinderdünkel!
   Und werd't gescheut!
Schön knieen sollt ihr uns im Winkel,
   Thut's euch nicht leid.

(*) *Horatius dicit:* — *Pictoribus atque poëtis*
   Quidlibet audendi semper fuit aeque potestas.

———

Kathegorischer Bescheid.

Moribus antiquis res stat Germana stabitque.
                                            E N N I U S.

Das Sprüchlein: arbor honoretur,
Qui suis umbris nos tuetur —
War und wird, mit Ja und Nein!
Stets uns Teutschen heilig seyn.

Der passende Name.

Conveniunt rebus nomina saepe suis.

„Frankreich — ein freies Reich, Frankreich —
                    ein freier Staat,
„Führt seit zwey Jahren schon den Namen mit
                    der That —"
Dies schrieb ich vor drey Jahren nieder.
Zurück nehm' ich mein Wort jezt wieder,
Und schreibe: „Gallien wird richtig so genannt,
Sein tolles Hahngefecht ist nur zu sehr bekannt."

Die schöne Baumfrucht.

Gallus et nefasto te posuit die
— — — et sacrilega manu
Produxit arbos, inque suam
Perniciem, opprobriumque pagi.

HORAT.

So mancher Baum mit grünen Zweigen
Ward von Franzosenklubs gepflanzt,
Und um ihn her ein Hexenreigen
Von dem Bachantentrupp getanzt;
Denn Tanzwut ist den Franken eigen! —
Gesungen ward dabey, gelermt,
Und toll gejubelt und geschwärmt,
Als hing' der Baum ganz voller Geigen,
Und jeder Ast voll süsser Feigen.
Doch o! der Freiheitstänzer - Sucht!
Mit Ruthen sollte man sie streichen!
Denn ihres Paradieses Frucht
Ist Sodoms - Aepfeln zu vergleichen:
Von aussen lieblich anzuschau'n,
Ihr Inn'res aber ganz voll Asche
Und schwarz — beynah möcht' einen grau'n! —
Wie eines Nimrod's Pulverflasche.

Europens Monarchieen an Frankreich.

Nihil salvi potest esse mulieri pudicitia amissa.
                                        LIVIUS.

Fi donc, ma Soeur! Fi! schäme dich!
Du bist jezt Schwester Liederlich! —
Zeither nahmst du dich als Madam,
Wie sich's gehört, fein tugendsam,
Bliebst blos wie wir bey Monandrie,
Erkannt'st nur einen Ehgemal.
Doch jezt treibst du Polyandrie
Und wiegst uns allen zum Skandal
Auf deinem lielienweissen Knie,
Wie eine Bienenkönigin,
Ein ganzes Heer von Kik'iiki.
Fi! schäm' dich! ändre deinen Sinn!
Verabschied' deine Bräutigams,
Mit rothem Kamm und ohne Wamms!
Sonst stossen wir dich Fledermaus
Aus unserm Schwestercirkel aus.

Zur weitern Beherzigung.

Galli vos molle genus, turpes proclives ad actus,
Ni vir sit custos, ni leges atque metus.
OWEN.

Das Wort: *Pariser* giebt *pas rire,*
Versteht sich, mittelst Letternspiel;
Das sagt nun freilich nicht sehr viel!
Doch eine Volte giebt: *par Sire.*

Auto da fé der Jakobiner zu Paris. (*)

Haec fierent, si testiculi vena ulla paternī
Viveret in vobis?
PERSIUS.

O! wohl habt ihr — sehr wohlgethan,
Daſs Ludwig's Bildnis dem Vulkan
Geopfert ward von euch Verbrechern!
Zu lang schon hing's in eurem Saal
Und sah all euren Klubskandal:
Was soll ein Heil'ger unter Schächern!

(*) Sie verbrannten am 3ten April d. J. das Bildnis Ludwigs XVI, welches so lange in ihrem Saal gehangen hatte.

Freuden und Leiden.

Tu gallinae filius albae,
Nos viles pulli nati infelicibus ovis.

JUVENAL.

Wohl euch! Pairs und Baron's feyd ihr;
Zwar neugebacken, ohne Ahnen —
Indefs doch keine Unterthanen
Und Fürftenfklaven mehr wie wir;
Auch könnt ihr treflich fchon — yanen,
Wie weiland Sancho Panfa's Thier.
Beym Styx! ihr hab't all' Qualitäten
Zur Pairfchaft und zur Baronie;
Nur leider! fehlt's euch Jeans qui rient
An Unterkleidern und Moneten.
Zwar habt ihr Mützen und Papier,
Man nennt's in Frankreich Affignaten;
Doch diefen weif't man gern die Thür,
Und jene Chaperons könnt ihr
Gefchöpfe ohne Kopf entrathen;
Ja! ungleich fchicklicher als Kleid
Für euren Cul zur Winterszeit
Die Freiheitsmützen employren,
Und nach der Winter-Cul-Montur

Mit Affignaten-Maklatur
Euch für den Sommer cülottiren.
Indefs was braucht ihr noch Livree!
Wozu noch diefe Unterfcheidung
Von wilden Thieren ohne Kleidung!
Kurz! geht felbft ohne Negligee!
Denn ihr Baron's — nehmt's uns nicht übel,
Wir fprechen jezt aus Luthers Bibel —
Gingt doch, wie felbft ein Blinder fieht,
Als Wölfe blos im Schaafshabit.

Zuruf.

Utile confilium — — ne defpice.
CATO.

Narren, hört doch! — hört, Franzofen,
Guten Rath! er lautet kurz:
Leert fein hurtig eure Dofen,
Füllt fie an mit Niefewurz.
Treflich wird fie euch bekommen!
O, dafs ihr doch längft — fchon längft
Jenes Nafenfalz genommen!
Keiner wär' jezt toller Hengft.

Allerdings.

Ex tripode dictum.

Rex et leges
Regant greges!

*) Allerdings! muſs ſo ſeyn!

Kurz genug
Iſt der Spruch.

*) Allerdings! räum' ich ein.

Doch ein Biſſen —
O! zum Küſſen!

*) Allerdings! ganz gewiſs!

Reich an Saft
Und voll Kraft!

*) Allerdings! wahr iſt dies!

Götterſpeiſe
Selbſt für Greiſe!

*) Allerdings! ja doch! ja!

Und ein Them
Zum Poem!

*) Allerdings! faites donc ça!

*) Der Leſer für ſich.

Germania et Francia.

Germ. Ubi eſt rex —
    Galliae Croeſus?
Franc. Gladio caeſus!
    Voluit lex!
Germ. Quae — quanta nex!
Franc. Erat pertaeſus!
Germ. Vae tibi, grex!
    Deus eſt laeſus!

Mein Glaubensbekenntniſs.

*Saepe duobus
Regibus inceſſit magno diſcordia motu.*
                                VIRGIL.

Hört mein Symbol:
Zum Bürgerwohl
Scheint faſt zu wenig
Ein einz'ger König;
Doch, meiner Treu!
Zu viel ſind zwey.

Teutsche Freiheit und Gleichheit.

— *Procul hinc moneo, procul hinc quicunque profani*
Ferte gradus.

SIL. ITAL.

Mit Gunst, ihr cynischen Franzosen!
Id est: ihr Buben ohne Hosen!
Spar't euren logischen Tresor
Samt allen Paviansgeberden,
Und schwazt uns nichts von Gleichheit vor;
Gleich brauchen wir nicht erst zu werden.
Wir sind schon alle, euch zum Trutz,
Ganz gleich an Bürgerrecht und Schutz.
Doch frei zu seyn, ganz frei zu leben —
Das fehlt uns noch und darnach streben
All unsre teutsche Herzen hin;
Nur nehmt es nicht im falschen Sinn!
Kurz! Ihr könnt uns dies Glück verschaffen:
Ganz frei zu seyn von euch Schlaraffen,
Wär' traun! uns köstlicher Gewinn!

Troſtſpruch an die Harlekins mit rothen Mützen.

Quid refert, dictis ignoſcat fatuus, an non?
JUVENAL.

Frei ſeyn wollt ihr? — Ganz *gleich* und *frei*? —
Das ſollt ihr, ja! bey meiner Treu!
— Iſt gleich der Einfall nagelneu —
Sollt alle ſeyn *gleich vogelfrei!*

Die Lüge.

Ubi rerum teſtimonia adſunt, non opus eſt verbis.

Falſch iſt das Proverbium:
    Qualis rex,
    Talis grex.
Franken! fragt mich nicht warum?

Emphelung.

*Firma valent per se nullumque Machaona quae-
   runt,
Ad medicam dubius confugit aeger opem.*
                                OVID.

Wir rathen freundlich jedermann,
Um sich von Aufruhrsucht zu heilen,
Er woll' so viel wie möglich eilen
Zum lieben *Doctor Zimmermann,* (*)
Allein zu ihm Vertrauen fassen,
Und sich von ihm kuriren lassen.
Hilf Himmel! Seegne sein Bemüh'n,
Und gieb Gedeih'n der Medicin! —
Auch wollet ihr kurirten Kranken
Dann nicht vergessen, uns und ihm
Für guten Rath und Kur zu danken;
Nur seyd dabey nicht ungestüm!

(*) *Siehe dessen Buch vom Nationalstolz, 16tes Kapittel. Außerdem können wir allen Freiheitsschwindelköpfen auch das in der allhier kürzlich erschienenen Schrift: Johann Cicero und Joachim Nestor, Seite 281 befindliche Raisonnement als sehr heilsam anpreisen.*

Karten- und Schach-Spiel.

Vis et nequitia quicquid oppugnant, ruit.

PHAEDRUS.

In l'Hombre, Quadrille,
In Whift und Trifet,
Mariage, Cinquille,
Tarok und Piket
Giebt's vier Potentaten,
Vier Kartenvolks-Herrn,
Und diese Penaten
Hat jeglicher gern,
Sehr gern zu Kamraden.
Doch nahe und fern
Giebt's viele Pyraten,
Betietelt Magnaten,
Mit Orden und Stern,
Die jener Quatern
Gar übel oft rathen;
Ganz wider Vertrag
Sich höher zu schwingen,
Durch Meuchelmordklingen
Kreuz, Jammer und Ach

Schnell über sie bringen,
Und alle sie jach
Rebellisch verschlingen. (*)
Hingegen im Schach
Trägt einer von allen
Schwerdt, Zepter und Kron,
Und treue Vasallen
Umlagern den Thron;
Beschützen ihn, kleben
Wie Ulmen und Reben
An ihren Patron;
Umringen, umschweben,
Ohn Rücksicht auf Lohn,
Ihn hurtig, wenn eben
Gefahren ihm drohn;
Verschanzen ihn, geben
Beim Rettungsbestreben
Nicht Kriegerpardon,

(*) *Zu unsrer Apologie sey hiemit jedermann, welchem daran gelegen, kund und zu wissen, dafs wir, ohngeachtet des obigen Ausfalls, die Kartenspiele, mögen sie Namen haben, wie sie wollen, keinesweges aus Europa exiliren, vielmehr alle und jede des lieben Hausfriedens wegen eben so wie Pinto in Protektion nehmen. Siehe dessen Schreiben an Diderot. Haag 1767.*

Und opfern ihr Leben
Ohn' Zittern und Beben,
Um jeglichem Hohn
Den Schach zu entheben. —
Gelt! eine Lektion
Für jede Nation!
Doch hat ich die Franken
Allein in Gedanken
Bey diesem Sermon.
Die Belials-Horde!
Die Rotte Rebelln,
Verschworen zum Morde,
Gleich Henkergesélln!
Die ohne Erröthen,
Nur lechzend nach Blut
Mit teuflischer Wut
Den *König* selbst tödten.

Paris.

Olim tu similis capris,
Nunc vero voracibus apris,
Per anagramma jam,
Reapse etiam.

Egalité. (*)

Gaudia principium vestri tunc ipsa doloris.
                                    OVID.

Wie? ihr habt den blut'gen Tiger
    Zum Diktator gar gewählt? (**)
O ich hielt euch doch für klüger!
    Traun! das hat nur noch gefehlt!
Sicher kann ich's prophezeihen:
Bald, sehr bald werd't ihr's bereuen,
    Fluchen dem *Aristion*. (***)
    Trauet dem Prognostikon!

(*) *Mit der gröfsten Indignation schrieb ich diesen Namen nieder, und zerflankte sogleich die entweihete Feder. Um mich zu zerstreuen blätterte ich im Virgil und stiefs durch ein glückliches Ohngefähr im 11ten Buch der Aeneide auf eine Stelle, die, wie mir deucht, auf jenen Abschaum der Menschheit ganz anwendbar ist, und wovon ich die genaueste Abschrift dem geneigten Leser vorlege:*

— — Idem infensus quem gloria regis
Obliqua invidia stimulisque agitabat amaris,
Largus opum, et lingua melior, sed frigida bello
Dextera, consiliis habitus non futilis auctor,
Seditione potens: genus huic materna superbum
Nobilitas dabat, incertum de patre ferebat.

(**) *Laut der unbestätigten Nachricht im 48sten Blatt des Hamburger unparteiischen Korrespondenten.*

(***) *Siehe den 2ten Band des teutschen Merkurs v. J. 1781.*

An die Geographen.

— — — *Licuit, semperque licebit,*
Signatum praesente nota producere nomen.
                                    HORAT.

Nennt jenes Land,
Das von euch Frankreich
Sonst ward genannt,
Hinführo *Zankreich*;
Das paſst charmant!
Charmant! doch faſt
Noch beſſer paſst
Der Name *Strangreich*.
Dünkt's euch jedoch
Zu glimpflich noch,
So nennt es: *Stankreich*.
Zwar räum' ich ein
Ohn Winkelzüge,
Es klingt nicht fein —
Doch wie? iſt's Lüge?
Fehlt's an Parfüm'
Dem Henkerlande?
Gebührt nicht ihm
Zu ew'ger Schande
Dies Synoym?

Promotion.

— — *Varium et mutabile*
Semper Gallus.
                       VIRGIL.

Was nicht aus Menschen werden kann!
Da seh' man nur den Franzmann an:
Er — immer sonst galanter Weiber
Vapeur- und Langeweil-Vertreiber,
Fleurettenschwätzer, Elegant,
Und fleiß'ger Liebesbriefeschreiber,
Mit einem Wort! ein Charlatan —
Ist jezt ein Fleischerknecht und Räuber.
Traun! dies verwechselte Extrem
Bleibt uns auf immer ein Problem.

Blindheit.

Proh. Curia! inversique mores!
                       HORAT.

Monstrum horrendum, cui lumen
Ademtum war einst Polyphem:
Anwendbar ist ohn' all Blasphem
Dies auf Paris Convents-Volumen.

Fragment. (*)

— — *I demens, et saevas curre per Alpes,*
Ut pueris placeas, et declamatio fias. —

JUVENAL.

O, ihr Hans Ballhorns! geht! o, geht
    Mit eurem ça ira!
Sagt dem Apostelwahn Valet,
    Und schon't die Kehlen ja!

Glaubt uns! so eilig auch Madam
    Europa aus Paris'
All euren Gout und Modekram
    Als Affe kommen liefs:

So dankt sie doch gar feierlich
    Für eure neue Klubs
Und Mützen; — diese schicken sich
    Blos für Beelzebub's!

(*) *Um unsern werten Gästen kein Pfaffenkäppchen vorzuenthalten, mufsten sogar unsre Bravourlieder gegenwärtiges Entremet hergeben. Hoffentlich werden die Herrn diese Hospitalität bestens zu rühmen wissen, und den Plagiat gütigst verzeihen.*

———

Brüderschaft.

Barbatum haec crede magistrum Dicere.
                           Persius.

Ja! einen Adam haben wir
Zu unserm Stammpapa allhier!
Ganz recht! Nichts habe ich dawider!
Nur sind wir gleich in Adam Brüder
Auf diesem lieben Erdrevier,
So müssen — traun! ich spreche bieder! —
Doch manche Stuffen auf und nieder
In jeglicher Gesellschaft seyn,
Und wäre sie auch noch so klein.

Gewissensfrage.

Heus age, responde: (minimum est quod scire laboro) De Jove quid sentis?
                           Persius.

Euren guten Basileus
Mordet ihr, ihr wilden Franken? —
O! wo habt ihr die Gedanken?
Wie? Erkennt ihr keinen Zeus?

Boue de Paris.

Gallorum natura novitatis avida est.
                                    PLINIUS.

Boue de Paris war ehehin
Gleichgrau mit einer Eselinn
Pelzenvelopp und rauhem Kinn;
So ganz uni
Wie papier gris,
Ohn all Nuance
Und Préference —
Kurz! seinen Schwägern in Berlin,
Madrit, Neapel, London, Wien
Nicht im geringsten vorzuziehn.
Doch thun wir, wie wir immer pflegen,
— Durch unsrer Feder rothen Mund — (*)
Wohlmeynend jedem hiemit kund,
Dem neuer Modefarbe wegen
Auf unserm lieben Erdenrund
Etwa gar viel daran gelegen:

(*) *Der lieben Gleichheit wegen sollte von obiger Zeile an gegenwärtige Invektive erst roth abgedruckt werden; aus Besorgniss aber, dass der Abdruck eben so buntscheckig wie ein Haushaltungskalender ausfallen dürfte, ist jene Idee nicht realisirt worden.*

Daſs jene Favoritkouleur
Seit dem Pariſer Mordverkehr
Sich überall in *Nakarat*
Und *Coquelicot* verändert hat.
Das heiſst: der dort vorhand'ne Koth
In engen Gaſſen und in Pfützen
Iſt wie die Jakobinermützen
Von allem Blutvergieſſen roth. —
Wornach in ihren Kleidertrachten
Die Herrn und Damen ſich zu achten!
Doch Himmel! je! was fällt uns ein!
Nie wird Germaniens Beau-monde
In Gillets und in Roberonde
Mehr Frankreichs Modeaſſe ſeyn.

Paris und Paris.

Haec tibi ſuccedent ut gramina paſta catello.

Helenens Räuber, Paris blies
Einſt Troja's Kriegesfackel an:
Ihm folgt — o trefflicher Pendant! —
Die Königsmörderinn Paris.
Doch dürfte Troja's Schickſal eben
Ihr kein erfreulich's *omen* geben.

Freude über Freude.

Ille licet ferro cautus se condat et aere,
Mors tamen inclusum protrahet inde caput.

PROPERT.

Lieber Doktor! ich genese,
Finde völlig mich kurirt,
Wenn das wirklich dekretirt,
Was ich im Merkur jezt lese:
„ Philipp werde arretirt,
„ Und sofort in einer Chaise
„ Zur Mairie mit ihm kutschirt. "
Plût à Dieu! Ah que serois-je
Très content et bien aise,
Hätt' uns Fama nicht düpirt!
Himmel! wär's doch keine Lüge!
Keine wind'gen Federzüge!
Doktor! wär' doch Wort für Wort
Wahr der herrliche Rapport!
O! fast könnt' ich drum sie lieben
Frankreichs ominöse Sieben! (*)
Lieben? — lieben? — Nimmer! nie!

(*) *Der Convent besteht, wie bekannt, aus mehr als 700 Köpfen — nicht doch! — Deputirten. Wie leicht man sich doch verschreiben kann!*

Nun und immer werd' ich die
Argen Urtelfprecher haffen,
Die ohn' Recht und Menfchlichkeit
Königsmordbefchlüffe faffen,
Ohne dafs der Mord fie reut. —
Doch zurück zu dem Dekrete!
Ganz entfpricht es meinem Sinn!
Tön't mir faft wie *Friedrichs* Flöte!
Ein's nur, leider! find' ich drinn
Was nicht pafst zu meinem Krame:
Mörder Philipp's neuer Name. (*)
Diefe leid'ge Diffonanz
Unterbricht die Konfonanz.
Aber neue Freude wieder
Strömt durch alle meine Glieder
Bey dem herrlichen Adfpekt,
Dafs nun jenes Mordinfekt
Bald wird feinen Lohn empfangen,
Und fein Kopf auf Piken prangen.

(*) *Statt Philipp Egalité follte er künftighin Philipp Capet heiffen; diefer unbefonnene Vorfchlag ift jedoch, einer fpätern Nachricht zufolge, verworfen worden.*

Korrektion.

Impii! nam quid potuere magis?
Impii regem potuere duro
   Perdere ferro.
                                   HORAT.

Wie? was? Ihr fchwazt von Vaterland?
O, ihr Verruchten! wie fo fehr
Kräht doch aus euch jezt Unverftand!
Ihr habt ja *keinen Vater* mehr!
Habt ja mit Vatermörderhand,
Noch wütender als ein Tiber,
Zerriffen das Familienband! —
Gebt unferm Vorfchlag drum Gehör:
Sprecht künftig lieber — Wäyfenland,
Dies Wort, in Wahrheit, pafst weit eh'r;
Item! das Wörtchen: Katerland.

Ihr feht, wir find euch äufferft hold:
Wählt drum von beiden, was ihr wollt;
Gar herzlich werden wir uns fren'n,
Seyd ihr gelehr'ge Papagey'n!

————

Dialogue (*)
entre l'Auteur et Mr. N. N.

Amant alterna Camoenae, Virgilius dicit;
faepe chorda tamen, ut hic, oberrant eadem.

N. Bon jour! mon cher ami!
   Bon jour! bon vendredi!
   Comment? Monfieur! Pardi!
   Vous êtes encore au lit,
   A dix heures et demi?
   N'avez vous pas dormi?

A. Heureux, fi l'eft ainfi! —
   Mais j'ai une maladie
   Des yeux aujourd'hui,
   Et cette — cette ophthalmie
   Cuifante ne m'a permis,
   De me lever du lit.

N. Vous pauvre homme! tant pis!
   C'eft une mauvaife partie!
   Prenez donc, cher ami,

(*) Man erinnere fich der in der Vorrede gegebenen Warnung.

Tabac le plus exquis
De France — c'eſt : de Paris,
Et vous ſerez gueri
Seul par ce Paroli.
Ehbien ! Tabac ceçi
Eſt Poudre de Paris.

A. Que dites-vous ? — de Paris ?
De France — mon ennemie ?
O fi, Monfieur ! o fi !
Vous me cauſez dépit
Par votre reverie !
Non, non ! je remercie;
Ce poudre la me pût.

N. Ah ! Excuſez ! je ſuis
Faché et très marri
De mon étourderie. —
Mais le Tabac d'ici,
Du crû de Germanie,
Trouvez vous en plaiſir ?
Ou donnez vous refus ?

A. O belle demande, je dis !
Hé ! qu'elle radotterie !

Tabac de ce pays,
De notre induſtrie
M'eſt très bien-venu
De jour et de nuit.
Donnez, je vous en prie,
J'en ai grand appetit.

N. D'abord! le voici!
Prenez tant qu'il ſuffit,
Pour votre ophthalmie.

A. Dieu vous le rend! j'ai pris!
Ah! cette ſorte, ventregris!
Eſt bonne et fort jolie,
Sans toute parfumerie,
Mais pleine — pleine des vertus,
Comme notre Sans-Souci —
La chère — très chère Patrie.
Pardieu! elle rejouit
Le nez, le coeur, l'eſprit:
Ypſi! — ypſi!! — ypſi!!!

N. Fort bien! à votre ſalut!
Dieu vous conſerve la vie
Toujours ſans maladie.

Fiez vous, mon ami,
Sur notre prophètie !
Ypfi ! — ypfi ! ! — ypfi ! ! !
O, une belle garantie ! — —
Sachez, je fuis auffi
D'accord, fans raillerie !
Ma foi ! je haïs
De coeur les ennemis
De la philantropie.
Grand Dieu ! que j'ai fenti
Chagrin et ennui
Comme vous, très cher ami !
Depuis que j'ai ouï
L'avis de la manie
Du peuple corrompu,
Et de fa felonie,
Ah ! que j'ai entendu
Jamais cette infamie !
Male pefte ! mon coeur maudit,
Toute la mutinerie
Du coupe-gorge à Paris —
Vraiment, une boucherie !
Une — une écorcherie ! !
Fi, les bourreaux ! Honny !

D

A chaque Démocratie,
Pleine des canailleries;
Par quelle sont détruits
Le Throne, la Monarchie
De Louis et ses lis.
Honny à l'Anarchie !
Elle même a produit
Par son épidemie
Des crimes d'une barbarie,
Des gens de Tripoli.
Diantre ! quels fruits !
Comme a se perverti
La France, le paradis !
Dieu ! je t'implore — je cris :
Extirpe, anéantis
Cette ligue et ce parti
Des monstres, ces impies !
Ta main venge et punis
Tout le sang repandu
Aux places, aux ponts, aux rues.
Alors soit beni,
Mon Dieu, mon appui !
Si sont mes voeux remplis.

A. O, je t'embrasse au lit,
　　Mon frère! mon favori!
　　Oracles sont tes dits!
　　Presque — pardonnez ce pli! —
　　J'ai du la jalousie
　　De votre bonhommie.
　　Ehbien, mon cher pétit
　　Declamateur hardi,
　　Fort brave et ingenu.
　　Ehbien! je te supplie,
　　Que tu me donne copie
　　De ta philosophie:
　　J'addresse ton manuscrit
　　Vite à l'imprimerie;
　　Et toute la Germanie
　　A toi applaudit:
　　Quel grand honneur! quel prix! —
　　De même par le débit
　　Tu gagneras, ami,
　　A peu près mille écus.
　　N'est-ce pas, mon cher? c'est plus,
　　Que par la lotterie!
　　Mais, ventrebleu! tu ris?
　　Tu prens pour drolerie?

Pah ! tu me compromis !
Que oui ! je n'ai vendu
Coquilles à vous, ami,
Sûr — sûr est mon prédit ;
Ypsi ! — ypsi ! ! — ypsi ! ! !
Ah ! une belle garantie !

N. Ciel ! quelle prophétie !
Qu'elle soit accomplie !
Ça, ça ! je donne copie
A vous avec plaisir.
Adieu donc, cher ami
Je m'en vais au logis
Avant que je l'oublie.
Croiez, je suis ravi
De votre entrevue.
Je laisse — le paroli
A votre ophthalmie —
Ma Tabatiere ici.
Auffi, s'il m'est permis,
Je reviens précis
A cinq heures et demi,
Pour profiter, ami,
De votre compagnie ;

Adieu! bon appetit!
Car c'est déjà midi.

A. De même! mon homme uni!
Vous me ferez plaisir
Par votre vis-à-vis
Pendant ma maladie —
Que non! par toute ma vie.

Epilogue aux Allemands.

Parbleu! qu'elle poesie!
Fi, la monotonie!
O! ce n'etoit poli!
Pardon, mes chers amis,
Amis de notre patrie!
Hèlas! vous l'avez lû.
Malgré mon interdit:
Vous êtes bien puni!
Prenez donc, je vous prie,
Une prise de contenance,
Pourtant point de France —
Non! du Tabac d'ici,

Du crû de Germanie.
Moi, je dis d'avance,
Avant que j'ai ouï
Ypſi — ypſi — ypſi !
Bien vous faſſent, amis,
Dieu vous conſerve la vie
Dans notre cher pays !
Vive ſa Bourgeoiſie !
Vive notre Impromtu,
Que vous voiez ici !

Inpromtu.

Une foi,
Un roi,
Des loix
Des droits,
De quoi. —
Donnent joie !

Inkomplette Equipirung.

— *Risu an lacrimis, an flente cachinno*
Gallorum portenta quaerar?
JUVENAL.

Rothe Mützen mit Kokarden
Habt ihr schon und Hellebarden,
Wohl beschlagen und gestählt;
Doch zum Karobuben fehlt
Euch, ihr eingebild'ten Trümpfe,
Ein Paar ziegelrothe Strümpfe,
Item: gelbe Hosen — pah!
Die sind euch allotria!

S. P. Q. R.

Was woll'n, darf man euch anders fragen,
Wohl obige vier Lettern sagen? —
Wie? was? — Ihr Herren wisst es nicht?
Nun wohl! Hört unsern Unterricht:

Stultus populus quaerit rixas.
Salus principis, quies regni.
Sublato patre queritur regnum.

Wohl keine wird von diesen drey'n
Erklärungen verwerflich seyn.

Unstatthaftes Köpf-weg.

— — — *Liberius si*
Dixero quid, si forte jocosius: hoc mihi juris
Cum venia dabis.

HORAT.

Ihr *Ludwigs* Mörder, ihr!
Wie wollten nach Gebür
Auf euren Henkerbühnen
Wir euch beguillotinen!
Säs nur auf eurem Schopf,
Wie sich's gehört, ein Kopf,
Drum sind die Guillotinen
Für euch nicht Mordmaschinen.
Nicht einmal kann man auch
Nach hergebrachtem Brauch
Beym N . . . . rr-Ausgiessen
Mit *Kopf weg!* euch begrüssen.

Verwandlung.

Vertumnis, quotquot funt, natus iniquis.
                              HORAT.

Was war sonst der Franzose?
  „ Ein süsser Korydon! "
Was jezt? — „Ein Ohnehose,
  „ Und obenein Poltron. "
O der Metamorphose!
  Fi! garst'ger Papillon!
Wie ward'st du so monstrose
  In deinem Wurmkokon!

Vermeynter Irrthum.

Euge! quam procul his diſtas mea patria terris.
                              HERM. HUGO.

Ein Paradies
Nennt ihr Paris,
Ihr Herrn Annalenschreiber? —
Ganz Recht habt ihr:
Ein Himmel für
Banditen und für Räuber.

An die freigeisterischen Demokraten.

*Quilibet ut peccet (alias peccare timeret:)
Esse sibi nullum fingit in orbe Deum.*

Mit Gunst, ihr Kraftgenie's! mit Gunst!
Ihr, die ihr durch Sophistenkunst
Die Trinität wegraisonnirt,
Und voller Dünkel drob stolzirt —
Was Wunder! dafs mit gleicher Wut
Ihr auch am dürren Holz dies thut,
Gern alle Könige entthront,
Da ihr des grünen Stamm's nicht schont.
O spart doch euren blauen Dunst,
Und bändigt eure Freiheitsbrunst!
Enfin! ihr Herrn Hochtollgebor'n!
Lafst die Regenten ungeschor'n!

Kein Lückenbüsser.

Hört, die ihr's etwa noch nicht wifst,
Und glaubt dem Anagrammatist:
Paris, ihr Herrn! heifst *spira, rapis* —
Sat, lector, tibi hoc, qui sapis.

Patriotifche Beifteuer.

Quisquis caedem permittit fibi, idem et de eorvis in cruce pafcendis fe foletur oportet.

Freu'n zur nahen Erndte könnt ihr euch, ihr
                Seiler! —
Aus Laternenpfählen wurden Freiheitspfeiler!
Wie? man wird euch doch nicht erſt ſagen ſoll'n,
Wozu leztre wir nächſtens brauchen woll'n?

    „ Wozu anders als zu Galgen
    „ Für franzöſiſche Kanaljen! "

Bravo! — Hurtig bringt vollauf
Stricke daumdick uns zum Kauf!

    „ O, mit Freuden! — Ohn' Bedenken
    „ Woll'n wir euch die Waare ſchenken! "

Ungereimte Prétension.

— *Stultum est petere id, quod possit jure negari.*
CATO.

Belachenswert sind all die Toll'n,
Die herrscherfrei sich machen woll'n!
Nicht einmal unser Geist ist frei
Von seines Körpers Sclaverei. —

Belachenswert sind all' die Toll'n,
Die standesgleich sich machen woll'n!
Nicht einmal — nehmt's ad notam euch! —
Sind unsre Seelenkräfte gleich.

An die Hans Ballhorns in Frankreich.

Fumum fugiens in ignem incidit.
LUCIAN.

Thut doch nur nicht so brüsk!
Ein *Basileus* (*) ohn' all Vergleich
Beherrschte sonst, Franzosen! euch,
Und jezt — ein Basilisk.

(*) *König.*

Teutsche Aufrichtigkeit.

Qui bene consiliis in tempore porrigit aures,
Nec dolor a tergo corripit hunc stimulans.

Ja, Franken! Lichtgenie's seyd ihr,
Und jeglicher ein Wunderthier,
Ein niegeseh'nes *lumen mundi.*
Doch offenherzig beichten wir:
Wir halten's blos mit *clair obscur,*
Und geben drum euch nach Gebür
Gern das *consilium abeundi.* —
Verzeiht, ihr hocherleuchten Herrn!
Wir biedern Teutschen sprechen gern
Mit völlig ungenirter Zunge,
Und rufen euch mit voller Lunge
Da capo zu: jedweder Stern
Mit langem Schweif, nah oder fern,
Mach cito fertig sich zum Sprunge.
Wer aber sich nicht rathen läfst,
Den nehmen wir beym Kragen fest,
Und hängen, mag er noch so lermen,
An seinen eigenen Gedärmen
— Denn Stricke sind ein teurer Kauf —
Am nächsten Freiheitsbaume auf.

Logogryph.

a. c. e. f. h. i. k. n. r. r.

Schreibt einzeln auf zehn kleinen Blättern (*)
Die obenstehenden zehn Lettern;
Mellrt in einem Beutel sie
So wie bey einer Lotterie.
Manch Wort, als: Finke — Kranich — Rachen —
Frech — Harfe — Anker — Kirche — krachen —
Fiacker — Kelich und Farin.
Werd't ihr aus eurem Beutel zieh'n.
Nur schwerlich dürft' es euch gelingen,
Sie sämtlich in *ein* Wort zu bringen.
Nach manchem Griff ist mir's geglückt,
Daſs ich dies Wort herausgepflückt;
Als guter Freund will ich's euch sagen,
Jedoch versteht sich ganz geheim:
Ihr dürft euch nur bemühn, den Reim
Vom Worte: *Schwankreich* aufzujagen.

(*) *Sintemal und alldieweil der Schriftsetzer uns geziemend
Vorstellung gethan, wasmaaſsen die litterarischen Splitter-
richter den Endbuchstaben des lezten und vorlezten Wort's
obiger Zeile ihm leicht als Druckfehler zur Last legen könnten, und wir aus angestammter Gerechtigkeitsliebe keinen
Unschuldig leiden zu laſſen gesonnen sind: als haben wir
in Gnaden zu resolviren geruhet, vorgedachten unsern ge-
treuen Schriftsetzer gegen alle unverdiente Vorwürfe in
Schutz zu nehmen.* Der Verfaſſer.

Scherz und Ernſt.

Non tibi crediderim votis contraria vota,
Nec tantum crimen pectore ineſſe tuo!
                                    TIBULL.

Kap'taler Setzer ſey geprieſen!
Dank — vielen Dank für dein Cadeau!
Zu einem treflichen Bon-mot
— Der Leſer wird's gewiſs benieſen! —
Haſt du den Fuſsſteig mir gewieſen,
Anſtatt *Paris* jüngſt irgendwo —
Enfin! in — hieſigen Aviſen
Papris geleitert *comme il faut*. (*)
Ha! ſchön kam bey dermal'gen Kriſen
Dein excellentes *quid pro quo*
Zum Witzprodukt mir à propos; —
Gar leicht, ohn' drüber zu ermüden,
Lieſs ſich auf unſerm *bigorneau*
Das Wort: *Priap's* aus ienem ſchmieden.

(*) So auch ſtand vor kurzem in einem Zeitungsblatt: „die *Veſtung Condé* habe ſich übergeben" wiewohl dieſer Druckfehler noch zu entſchuldigen iſt, da nach einer ſo ſtarken Portion 20pfündiger *Vomitiv-Pillen*, wie ihr die Oeſterreichſche Officin täglich zu verſchlucken gegeben, nichts gewiſſer als ein ſolches Phänomen zu erwarten war.

Wie froh war ich! wie seelenfroh!
So froh, wie jeder Ehegatte
Wann sein Herzliebchen 'accouchirt;
Was gern, sehr gern ich ihm verstatte,
Wenn er's auch nicht durch seine matte
Umarmung, wie dies oft paſſirt,
In Hymens weicher Hängematte
Ex propriis effektuirt —
Hochfroh! als ich die närr'sche Ratte —
Mein hübsches Kindlein fabrizirt,
Und völlig richtig buchstabirt
Auf mein Papier gebettet hatte;
Und laut, wie mancher Unterstaab's-
Secundus, rief ich aus: „ich hab's!"
Gleich jenem griechischen Eukliden,
Ex-Archimedes drob zufrieden.

„Was? ihr Pariser wär't Priap's? —"
Wie man noch fragen kann! — Nie gab's
Bey allen Truppen von Kupiden
Probat're Schützen und Alciden,
Wie dies durch neu're Aeskulap's
Unwiderſprechlich längſt entschieden.
Indeſs — damit ich jenen hie

Nicht allzu vielen Weirauch zolle —
Von andrer Seite fpielen fie
Gar fchändlich die Priapenrolle.
Bekanntlich ift der Lord Priap
— Anticombab könnt' ich ihn heiffen,
Wollt' ich mit Namenkenntnifs gleiffen —
Bekanntlich ift der Lord — Satrap
Und Schutzherr von den holden Kindern,
Die Mutter Flora uns gebiert,
Und zu dem End', um alles Plündern
Und jede Violenz zu hindern,
Mit einem Knotenftock armirt;
Doch — was braucht ihr dies noch zu hören!
Dies fagte fchon als Mytholog
Euch weiland euer Pädagog.
Genug! troz allen Bambusröhren,
Die die Parifer fchlenkerirt,
Sind diefe Evenjägerhorden
Dem Vorbild, das fie fo fetirt,
Durch Freiheitsdrang und Wut zu morden
Als Gartenwächter untreu worden;
Und haben — ftatt die Gallerie
Voll herrlicher Orangerie
Im königlichen Sansfouci

E

Zu schützen vor der Habsucht Rauben —
Selbst! Selbst!! kaum wird's die Nachwelt glauben!
Mit eigner Wütrich's-Hand verheert,
Und ärger noch als Quadrupeden
Den Lieblingspark, das zweyte Eden
Ganz in ein Chaos umgekehrt.

Ungleichheit der Damen.

Quod non vetat lex, hoc vetat fieri pudor.
       SENECA.

Keine Hosen mehr zu tragen,
Konnt' man nur in Frankreich wagen;
Wo, wie weiland zu Korinth,
Ohne Schaam die Damen sind. (*)
Doch — ich wette Kopf und Kragen! —
Hier zu Lande käme man,
Wollte man ein gleiches wagen,
Uebel bey den Damen an.

(*) *Keinesweges ist Demoiselle Corday, die den Mordprediger Marat sogar im Bade besuchte, hierunter begriffen; ihr glücklicher Dolchstoß entschuldigt sie völlig.*

Der Name Marat.

Vipera nascitur e vipera.

Nimmt man von Marat's Namen den Kopf,
Und schiebt ihn in die Mitte als Pfropf:
So wird — o Wunder! — gleich Leben
Dem todten Rumpfe gegeben;
Doch was der Teufel einmal verhunzt,
Verbessert keine plastische Kunst,
Bleibt scheuslich, wie es gewesen:
Wie wär' sonst *armat* zu lesen!

Kriminalurtel.

*Neque enim lex aequior ulla est,
Quam necis artifices arte perire sua.*
Ovid.

Sansculott!
Kinderspott!
Freiheitsbande!
Mordkomplott,
Gleich an Schande!
Hott, hott, hott
Zum Schaffot!

Fortunens Kanal.

Saepe etiam est olitor valde opportuna locutus.
GELLIUS.

Mein kleiner bucklicher Friseur
Erzählte mir *sur son honneur*:
Er habe jezt gar wenig Kunden,
Und kaum — so groſs wär' seine Noth! —
Ein Glas Liqueur und Butterbrod.

„ Das geht mir nah,
„ Mein lieber Mann!
„ Indessen da
„ Er schwatzen kann,
„ Hab' Hülfe ich für ihn gefunden:
„ Nur nach Paris darf er sich troll'n,
„ Was wir ihm gern erlauben woll'n;
„ Schon haben viele Vagabunden
„ Dort beym Konvent ihr Glück gemacht,
„ Was sie zuvor wohl nicht gedacht. "

Das weiſse Moschusthier
Gab drauf zur Antwort mir:
Ich danke schön für die Adresse!
Dorthin zu gehn, fühl ich nicht Trieb:

Theils ift mir Teutfchland viel zu lieb,
Und hat für mich zu viel Intreffe;
Theils — ging's mir fchlechter auch wie jezt —
Möcht' ich mich nicht zu den Rebellen,
Zur Jakobinerzunft gefellen,
Die ftets Banditendolche wezt.

Parallelism.

Si quid mali, in Gallos!

PINDAR.

Ein Satan ift's, da geht nichts drüber,
Schrieb *Shandy* (*) einft vom Liebesfieber,
Und thut noch gröff'res Unheil würken,
Als je gefchah von Heyden, Türken.
Beym Styx! dies Sprüchlein pafst fehr gut
Auf Galliens Rebellenwut.

(*) *Triftram Shandys Leben und Meynungen 8ter Theil, 26ftes Kapitel.*

Der Sprachfehler.

Ludicra per verba res saepe notatur acerba.

Wie leicht die Zunge fehlen kann!
 Anstatt *Lutetien*
 Sprach ich — *Luetien;*
Doch bravo! sagte jedermann.
 „O vieles gäb' ich drum,
 „Wüfst' ich nur das Warum?"

Wohlgemeynte Belehrung.

Cujusvis hominis est errare; nullius, nisi insipientis, in errore perseverare.
        Cicero.

 Ihr nennt euch *Ohnehosen,*
 Ihr rasenden Franzosen? —
 O, warlich! glaubet mir!
 Viel besser thätet ihr,
 Ihr aufgeblas'nen Tröpfe!
 Ihr nennt't euch: *Ohneköpfe.*

Der neue Cul de Paris.

Hic niger est, hunc tu Germane caveto.
                                    HORAT.

Sonst nahmen
Die Damen
Vom *Cul de Paris*
Genaue Kopie —
Doch will ich pariren:
Den jetzigen *Cul*
Wird keine kopiren;
Am wenigsten, da
Jezt sämmtliche Donnen
So ferne als nah
Gleich züchtigen Nonnen
Und alten Sibylln
Die *Gorge* verhüll'n. (*)

(*) Zum Heil aller zeither düpirten Männeraugen wünschen wir den indecenten Trompeusen je eher je lieber ein gleiches Schicksal mit den reduzirten *Pads* der Engländerinnen, die diesen das Ansehen einer Schwangerschaft gaben. Sollten jedoch unsre Landsmänninnen nach Rasirung jenes Parapet's gar den verdammlichen *ventre postiche* in Cours bringen wollen, so würde freilich der lezte Skandal grösser seyn als der erste, und in diesem Fall sind wir gern bereit, unsern obigen Wunsch zu reklamiren.

Zwar sind sie dagegen
So gütig, und legen
— So eitel als schlau —
Den Nacken zur Schau;
Doch mehr noch von ihnen
Erwarten wär' arg;
Zu mehr — sind selbst Phrynen
Zu sittsam, zu karg.

Mara.

Turpiter atrum
Desinit in piscem mulier formosa superne.
HORAT.

Lieblich klingt
Dieser Name,
Weil die Dame
Lieblich singt;
Aber freilich
Höchstabscheulich
Flicket man
t ihm an.

Der Blumenflor.

Nullane res potuit crudelis flectere mentis
Confilium? tibi nulla fuit clementia praedo,
Immite ut regis vellet miferefcere pectus?
At non haec quondam blanda promiffa dedifti
Voce regi: non hoc miferum fperare iubebas.
CATULL.

Frankreichs Garten zierte eine Lilje,
Eine Rofe, Myrte und Jonquille;
Hoch und niedrig, männiglich —
Wer nur dies Bouket erblickte,
Freute ihrer Blüte fich,
Die felbft Kenner hochentzückte,
Denn fie blühten königlich.
Aber giftige Infekten,
Scheusliche Gewürme ftrekten
— Beffer wär's, fie wär' geraubt! —
Jüngft der Liljenkrone Haupt!
Ach! in Thränen faft zerrinnen
Ihre treuen Nachbarinnen,
Seufzen, ächzen bitterlich
Und befürchten gleichen Stich. —

Du, der Flora Parkbeschirmer!
Schütz' den schönen Rosenstock
Und den Rest für jeden *Choc*
Von Insekten und für Würmer!
Franken seyd nicht nochmals Bock!

Wie wahr!

Quis tumidum guttur miratur in Alpibus?
JUVENAL.

Voller Kropf:
Toller Kopf —
Predigt wo
Salomo.
Aber auch
Ohne vollen
Magenschlauch
Macht ihr Tollen
Aetna-Rauch.

Vorschlag zur Güte.

*Facite, aequanimitas
Poetae ad scribendum augeat industriam.*
                                TERENT.

Die Hauptstadt Frankreichs ward, wie jedem
                                wohl bekannt,
Wer in Annalen nur ein wenig
Bewandert ist, vom zehnten Celten-König
Gegründet, und nach ihm benannt.
Lateinisch heifst man sie von wegen
Des vielen nach dem mind'sten Regen
— Wir sagen's *salva venia* —
Vorhand'nen Koth's — *Lutetia*.
Doch dieser alte Eckelname
Ist seit dem lezten Henkerdrame,
Wie männiglich wird zugestehn
Für jene Hölle noch zu schön.
Nein! diesen darf sie nicht mehr führen!
Und um sie, wie schon einst geschah,
Auch jezt *in forma optima*,
Id est: symbolisch zu markiren,
Woll'n künftig sie — *Rexnecia*
Die Herrn Lateiner tituliren.

Und *Parricide* ſtatt Paris
All Zeitungsſchreibende Genie's
Hinfort die Königsmordſtadt nennen. —
Jedweder, hoff' ich, wird bekennen,
Die Namenſchöpfung klingt gar ſüſs;
Und männiglich ſich mit Vergnügen
Dem wohlgemeynten Vorſchlag fügen.

Echo.

Nos utinam vani!
JUVENAL.

Wie heiſst der Akkord
Zu Toleranzloſen?
„ Das paſſendſte Wort
„ Iſt ſicher Franzoſen. "

Die beste Ueberſicht.

> Liceat modo vivere: fient,
> Fient ista palam, cupimus et in acta referri.
>
> JUVENAL.

A. Gern wollt' ich *manu propria*
In eine ſchwarze Leichenſchachtel
Mich packen, — wär' ich nur ein Achtel
So alt, wie einſt Methuſalah;
Um bis zu Ende Frankreichs Trouble,
Samt allen tollen Freiheitsjubel
Und was noch ſonſt dort wird geſchehn
Durch mein Lünettenglas zu ſeh'n.

B. Wie, Brüderchen! was hör' ich eben!
Nur darum möcht'ſt du lange leben? —
Nein! nöthig haſt du's deshalb nicht
Statt aller weiteren Berichte
Lieſs nur Jeruſalem's Geſchichte:
Sie iſt die beſte Ueberſicht.

Paulus an die Korinther.

*Grave et immutabile piis
Pondus inest verbis. O vocem Galli sequantur!*
STATIUS.

Gleiche Narren, gleiche Kappen!
Gleich an Unsinn und in Tracht!
Donquichott mit seinem Knappen
Hätte selbst euch ausgelacht.

Einig wollt ihr seyn wie Brüder?
Je! wo denkt ihr Thoren hin?
Brüder sind bald uneins wieder,
Haben selten Brudersinn.

Erst bestrebt euch Gottbekenner
Ohne heuchlerischen Schein,
Treue Bürger, Biedermänner,
Philantropen erst zu seyn!

Nur in dieser Menschenklasse
Wurzelt Herzeneinigkeit;
Doch bey euch ist sie Grimasse!
Euer Steckenpferd ist Streit!

Die gute Wahl.

Bullatae nugae.

Viel sogenannte Bülletins'
Schreibt ihr Parifer Harlekins;
Traun! beſſer hättet ihr nicht können,
Dem Inhalt nach, die Blätter nennen.
Von *Bulla* jenes Wort entſpringt,
Und dies, wie uns Lateinern dünkt,
Bezeichnet eine Waſſerblaſe
In einer ſiedendheiſſen Vaſe.

Total-Ruin.

Multitudo imperatorum Cariam perdit.
Plautus.

Wen ehmals franzöſiſcher Lux
Nicht hat zu Grunde gerichtet,
Der wird total jezt zernichtet
Vom Deputirten-Konflux.

Bedeutung des Wort's:
Convent.

Omnibus est nomen, et idem saepe omnibus omen.

Du weifst nicht, armes Adamskind,
Was wohl Convent recht fagen will? —
Hör' an! Es ift dir ein Pasquill,
Und heifst — ein groſſer Sack voll Wind;
Denn *vent*, nach teutſchem Sprachgebrauch,
Heifst Wind, und *con* fo viel als Bauch —
Ey nicht doch! nein! — fo viel als Schlauch.
Was Wunder drum, dafs früh und fpät
Es immer jezt aus Weften weht — (*)
Aus Weften, wo der Windgott hauf't,
Hans Blafius durch Teutfchland brauf't?
Mag's doch! wenn er gen Oft und Nord
Auch Teutfchlands Wälder niederfauf't,
Stürmt er doch Preuſſens Heer nicht fort.

(*) *Der Lefer wird sich, auſſer dem diesjährigen Sturm am 3ten März und 26ſten Februar, hoffentlich noch des Orkans am 7 und 9ten December vorigen Jahres erinnern.*

Contre les François.

Parodie. (*)

Quoi! ce peuple aveugle en son crime,
Qui prenant son Roi pour victime
Fit du trône un theatre affreux,
Pense-t'-il que le Ciel, complice
D'un si funeste sacrifice,
N'a pour lui ni foudre ni feux?

Déja sa flotte à pleines voiles,
Malgré les vents et les étoiles,
Veut maîtriser tout l'Univers;
Et croit, que l'Europe étonnée,
A son audace forcenée
Va céder l'empire des terres.

Arme toi, Allemagne, prends la foudre!
C'est à toi de réduire en poudre
Ces sanglans ennemis des loix.
Suis la victoire qui t'appelle,

(*) Der gute Boileau hat sich wohl sicher nicht träumen lassen, dass man seine Ode contre les Anglois dereinst auf seine Nation anwenden, und mit Waffen aus ihrem eigenen Arsenal gegen sie ins Feld rücken würde.

Et va fur ce peuple rebelle,
Venger les opprobres des Rois.

Jadis on vit cette raçe perfide,
Ces bêtes farouches, ces parricides,
Chez nous au comble de l'orgueil,
Prendre tes plus fortes murailles,
Et par le gain de vingt batailles
Mettre tes citoyens en deuil.

Mais bientôt le Ciel en colere,
Par tes heros, par tes tonnerres,
Renverfant tous leurs bataillons,
Bornera la fureur d'Hyene,
Et leurs corps pourris dans nos plaines
Feront engraiffer nos fillons.

Frankreich.

O Medici mediam pertundite venam.
JUVENAL.

Wollt definiren ihr dies Wort:
So werft das erfte r nur fort,
Sodann verfetzet f und k:
Ganz leferlich fteht Kanfreich da.

An die Sansculottes.

Dicisque facisque, quod ipse
Non sani esse hominis, non sanus juret Orestes.
                                               PERSIUS.

Fi, Franzosen! welche Ungebür!
So das Auge zu skandalisiren!
Wider all Dekorum und Manier
Eure Blöße nicht zu equipiren!
O, auf Ehre! nöthiger als ihr
Hat's wohl keiner sich zu cülottiren.
Doch ihr denkt vielleicht als Kavalier:
„Je! warum soll'n wir Baron's uns schämen!
„Jeder hie hat ja sein Steckenthier!
„Mag Europa immer übel nehmen
„Unser freies, offenes Visir:
„Traun! kein Franke wird deshalb sich grämen!"
Gelt! Getroffen? — „O, que oui, Monsieur!
Fort bien ketroff! en verité!"
Dacht' ich's doch! — O, über euch Franzosen!
Weit hab't ihr's in kurzer Zeit gebracht!
Hab't den Ton von Kärnern und Matrosen
A merveille eigen euch gemacht.
Kurz! ihr seyd — wer hätt' das je gedacht! —
Jezt in Frechheit wahre Virtuosen,

Die glückliche Stadt. (*)

Sic itur ad astra.
VIRGIL.

Sagt! welcher Ort in *Friedrich Wilhelms* Staaten
Kann nach der Residenz des höchsten Glück's sich
freu'n?

„Je! lieber Freund! leicht ist dies zu errathen:
„*Prenzlau*, der *Königin* Geburtsstadt wird es seyn."

(*) *Wundern, und mit Recht wundern werden sich manche, wo nicht alle, über diese für die Franzosen ganz unpikante Sardelle, und über die Veranlassung zu dieser auffallenden Erscheinung ohnfehlbar Auskunft zu haben wünschen. Wir ermangeln sonach nicht, ihrem Verlangen fördersamst zu genügen, und ihnen ganz offenherzig zu beichten, dass dieser eterogene Leckerbissen mit nichten für gedachte Messieurs, vielmehr für sämmtliche Nichtfranzosen im heiligen römischen Reiche spendirt ist, und zwar einerseits zur Entschädigung aller Enthaltsamen, die von dem verbotenen Baum, den wir in der Mitte unsers fruchtreichen Paradieses gepflanzt, nicht gepflückt, oder — ohne Allegorie — den famensen Dialog ungekostet gelassen haben; andrerseits und vorzüglich auch deshalb, um selbst als geborner Prenzlauer bei dieser Gelegenheit die Ansprüche jener glücklichen Stadt geltend zu machen und manchen Preussischen Einwohner aus einem gewaltigen Irrthum zu reissen; da ein grosser Theil von ihnen, wie ich oft zu meiner nicht geringen Verwunderung erfahren, in dem irrigen Wahn stehet, unsre theure Königin sey in Darmstadt geboren. — „Ehre dem Ehre gebührt" stehet Römer am 13ten.*

Charakteristick.

Tuis te coloribus pingam.

Wifst: Orleans ift von Bedeutung!
Der Name fagt euch juft fo viel
Als Nero — mittelft Letternfpiel,
Und dies beftätigt jede Zeitung.
Will man die Mifchung weiter treiben,
So läfst ohn' alle Algebra
Aus jenen Lettern *leon ras*
Sich auch gar füglich niederfchreiben.

Vermuthung.

— *Utinam* — — *fim verus arufpex!*
                               PROPERT.

Was *Rohrdommel* (*) zu unfrer Vorfahrenzeit
Von Galliens Litteratur prophezeyt,
Ift längft fchon genau eingetroffen.
Drum können wir ficher auch hoffen:
Es werden nun alle Franzofen geruhn,
Mit ihrem Staatskörper ein gleiches zu thun.

(*) Siehe *Klopftocks Gelehrten-Republick*, 1r Band, S. 132.

Voltaire.

Proteo mutabilior.

Welcher Schmeichler
War Voltaire!
Welch ein Heuchler
Der mon cher!
O, wie glich Herr Urian
Seines Haufes Wetterhahn! (*)

(*) *Weit entfernt zu verlangen, daſs man obige Beſchuldigung ſo geradehin auf unſer Wort glauben möge, wollen wir zu allerſeitiger Ueberzeugung ein Gedicht von Voltaire an den hochſeligen König von Schweden herſetzen:*

Jeune et digne héritier du grand nom de Guſtave,
Sauveur d'un peuple libre, et Roi d'un peuple brave,
Tu viens d'executer tout ce qu'on a prévu:
Guſtave a triomphé, ſitôt qu'il a paru.
On t'admire aujourd'hui, cher Prince, autant qu'on
t'aime,
Tu viens de reſſaiſir les droits du Diadéme.
Eh! quels ſont en effet ſes veritables droits?
De faire des heureux, en protegeant les loix,
De rendre à ſon pays cette gloire paſſée,
Que la discorde obſcure a longtems eclipſée,
De ne plus diſtinguer ni Bonnets ni Chapeaux,
Dans un trouble éternel infortunés rivaux,
De couvrir de lauriers ces têtes égarées,
Qu'à leurs diſſentions la haine avoit livrées,
Et de les réunir ſous un Roi généreux.
Un Etat diviſé fut toujours malheureux,
De ſa liberté vaine il vante le preſtige,

Aéolus Brüder.

— — *An deceat pulmonem rumpere ventis?*
                                    PERSIUS.

Aus dem Wort: *Pariser* — jeder wird drob lachen,
Ist er anders bey Humor —
Läſst durch Letternmiſchung ſich *ſpirare* machen.
Gelt! das paſst wie Fauſt an's Ohr!

———

Dans ſon illuſion ſa miſère l'afflige,
Sans force, ſans projets pour la gloire entrepris,
De l'Europe étonnée il devient le mépris.
Qu'un Roi ferme et prudent prenne en ſes mains les
                                            rênes.
Le peuple avec plaiſir reçoit ſes douces chaines,
Tout change, tout renâit, tout s'anime à ſa voix;
On marche alors ſans crainte aux penibles exploits,
On ſoutient les travaux, on prend un nouvel être,
Et les ſujets enfin ſont dignes de leur maitre.

Wie ſehr abſtechend aber ſind *Voltair's* obige Aeuſſerungen gegen ſeinen berüchtigten Chorus, von welchem wir jedoch keine Kopie geben können, da ſchon gleich bey der erſten Zeile ein heftiger Spasmus unſre Schreibfinger lähmte; — ein Zufall, der, wie man ſich aus der Vorrede erinnern wird, auch unſerm Kupferſtecher bey Abbildung der Jakobinermütze widerfuhr. Nach dieſem Miſsverſuch getrauen wir uns nicht einmal, die Stelle quaeſtionis zu allegiren, beſonders auch aus der nicht ganz ungegründeten Beſorgniſs, die etwannigen Leſer könnten von dieſer vertrakten Lektüre gar blind werden, und das möchten wir um alle Welt nicht.

Maynz.

Crede mihi, quamvis contemnas murmura famae,
Hic tibi pallori, perfida, versus erit.
Propert.

Was Wunder, daſs du dich ergeben,
Und nach geführtem Laſterleben
Dem teutſchen Männerheer als Gaſt
Jüngſt Thür und Thor geöfnet haſt;
Da du vorlängſt mit frecher Stirne
Gleich einer feilen Venusdirne
Den Sansculott's entgegen kamſt,
Und froh in deinen Schoos ſie nahmſt. —

Nie konnt's bey dir zum Sturme kommen!
Zu frech ſchon hatt'ſt du dich genommen,
Zu ſehr die Buhlerin kopirt
Und alle Sittſamkeit brüskirt.
Grimaſſe blos war all dein Sträuben!
Treu einem Korydon zu bleiben,
Iſt einer Metze Sache nicht,
Wenn ſie's auch noch ſo oft verſpricht.

Vergeltung.

Galla ferox, fit tarda licet, gravis ira deorum eft.
ADRIAN. SCOREL.

Paris wurde an Apollo's heil'ger Stäte
  Meuchelmörder an Achill'n;
Drauf durchbohrte Philoktet die gift'ge Kröte,
  Seiner Rache Durft zu ftill'n.
Fluch, Paris, dir! Fluch! mit gleichen Mörderfünden
  Haft auch du befudelt dich!
Wiffe! Sicher wird auch feinen Rächer finden
  Der fchuldlofe Ludewig.

Nagelneue Erfahrung.

Res, aetas, ufus femper apportat aliquid novi.
TERENT.

Für Fabel hielten wir's, gleich andern Skeptikern,
Dafs Menfchen — Wölfe werden können:
Jezt aber glauben wir die Möglichkeit fehr gern,
Seit wir die Franken näher kennen.

Philippus.

Diis est iratis natus, qui est similis tibi.
PHAEDRUS.

Fi, sagt man, wenn es stinkt;
Auch *lippus*, wie uns dünkt,
Ist jedermann fatal,
Philippus gar Skandal.
Vermuthlich braucht der Leser,
Um ganz uns zu verstehn,
Nicht erst Vergröss'rungsgläser,
Und find't den Einfall schön.

Puppenspiel.

In petulantiam erumpit libertas.

O wie bisarr und wie grotesk!
Ein Quasibaum, ganz in der Spitze
Bedeckt mit einer rothen Mütze —
Gewiss! die toll'ste Arabesk!

Guter Wille.

Ut defint vires, tamen laudanda voluntas.
                                    OVID.

Sporenstreichs auf und davon
Eilte ich zu Oberon,
Wenn ich ihn zu finden wüßte;
Würf' mich voller Ungestüm
Vor ihm nieder, herzte — küßte
Hände, Knie und Füße ihm,
Bäte — mir sein Horn zu leihen,
Was er Hüon einst geliehn,
Um als wackrer Paladin
Ludwigs Gattin zu befreien.

Ha! wie sollte der Konvent
— Wär' auch Satan Präsident —
Baß nach meiner Pfeife tanzen!
Hätt' ich ienes Instrument! —
O! wie wollt' ich dann den ganzen
Jakobinerklub koranzen!! —
Leider ist nur als Skribent
Mittelst Epigrammenruthe,
Die so derb als eine Knute
Oder Klostergeißel brennt,
Mir jezt diese Lust vergönnt.

―――

Frankreichs Hauptstadt.

Improba Niliacis quid facit Hydra feris?
MARTIAL.

Wie nennt sich doch die Hauptstadt gleich
In Hugo Capet's Königreich?
„Wie anders als Paris!
„Das jüngst durch Ludwig's Todesstreich
„Als Hauptstadt sich bewies."

Monarchie.

Multos imperitare malum est, Rex unicus esto.
HOMER.

Jede Sonn' am Firmament
Thront als einziger Regent
Ueber alle Reichsplaneten;
Mehrere sind unvonnöten!
Glücklich bey der einen nur
Ist jedwede Kreatur;
Nicht bey einem Heer Kometen,
Denn die schwärmen wie Raketen.

Kommando.

— — Cane, Musa, receptus!
                                    Ovid.

O du mein Phalanx tapfrer Streiter,
In Reih und Gliedern hingestellt!
Ihr meine muthigen Begleiter
In's dichterische Waffenfeld!
Habt Dank! brav habt ihr — brav gefochten,
Wie's eure Kräfte nur vermochten —
Gefochten jeglicher als Held!
Jezt mögt ihr nach des Kampfes Lasten
In euren Zelten friedlich rasten;
Doch — dass euch ja kein Schlaf befällt! —
Halt nun mit dem Musketenfeuer!
Nicht weil's an Pulver uns gebricht,
Nein! an Patronen fehlt's noch nicht:
Nur sind für Frankreichs Ungeheuer
Sie von zu wenigem Gewicht;
Und dann gefällt auch — wie man spricht —
Nicht immer einerlei Geleier. —
Drum Basta mit dem Flintenfeuer!
Jezt spreche unsre Batterie,
Die als Subsidie uns heuer

Hesperien aus Freundschaft lieh.
Frisch werfe sie auf Teutschlands Geier (*)
Aus ihren Mörsern Bombeneier,
Und jage sie heidi!
Nachsetzen mit verhängtem Zügel
Soll ihnen über Thal und Hügel
Dann unser Kern von Kavall'rie
Bis zu der Höllenpforte Riegel,
Und niedersabeln dort und hie
Das wilde scheusliche Geflügel.

*Adhuc supersunt multa, quae possim loqui,
Et copiosa abundat rerum varietas;
Sed temperatae suaves sunt argutiae:
Immodicae offendunt. — —*

PHAEDRUS.

(*) *Eine genaue Schilderung von ihnen findet sich im 3ten Buch der Aeneide, Vers 226. u. s. w.*

Locus Senecae pro praefatione.

„Non est quod mireris, ex eadem materia suis quemque studiis apta colligere. In eodem prato bos herbam quaerit, canis leporem, ciconia lacertam. Cum Ciceronis libros de republica prebendit hinc Philologus aliquis, hinc Grammaticus, hinc philosophiae deditus, alius alio suam curam mittit. Bene et ille quisquis fuit (ambigitur enim de auctore) cum quaereretur ab illo, quo tanta diligentia artis spectaret ad paucissimos perventurae: satis sunt, inquit, mihi pauci, satis est unus, satis est nullus."

Si qua videbuntur chartis tibi, lector, in istis
 Sive obscura nimis, sive latina parum:
Non meus est error; nocuit librarius illis,
 Dum properat versus annumerare tibi.

Ad Gallos.

Quo, quo scelesti ruitis? aut cur dexteris
 Aptantur enses conditi?
Parumne campis atque Neptuno super
 Fusum est fraterni sanguinis?
Quid? ut secundum vota pravorum, sua
 Urbs haec periret dextera.

Neque hic lupis mos, nec fuit leonibus
    Unquam, nisi in difpar genus.
Furorne caecus, an rapit vis acrior?
    An culpa? refponfum date.
Tacent: et ora pallor albus inficit,
    Mentesque perculfae ftupent.
Sic eft: acerba fata nunc Gallos agunt,
    Et impiae fcelus necis:
Ut Regis immerentis in terram cruor
    Fluxit, facer nepotibus.

In eosdem.

Eheu! letifero belli certamine Mavors,
Aut rapidi Tritonis hera, aut Rhamnufia virgo,
Ipfa eft armatas Gallorum hortata catervas.
— — Tellus fcelere eft imbuta nefando,
Juftitiamque omnes cupida de mente fugarunt,
Perfudere manus fraterno fanguine fratres,
Deftitit extinctos natus lugere parentes.
Omnia fanda, nefanda malo permixta furore
Juftificam vobis mentem avertere deorum.

Ad Gallum epistola.

Disce, sed ira cadat naso rugosaque sanna:
Non Praetoris erat, stultis dare tenuia rerum
Officia, atque usum rapidae permittere vitae;
Sambucam citius caloni aptaveris alto;
Stat contra ratio, et secretam garrit in aurem,
Ne liceat facere id, quod quis vitiabit agendo.
Publica lex hominum naturaque continet hoc fas,
Ut teneat vetitos inscitia debilis actus.
Diluis helleborum, certo compescere puncto
Nescius examen: vetat hoc natura medendi.
Navem si poscat sibi peronatus arator,
Luciferi rudis: exclamet Melicerta, perisse
Frontem de rebus. Tibi recto vivere talo
Ars dedit? et veri speciem dignoscere calles,
Ne qua subaerato mendosum tinniat auro?
Quaque sequenda forent, quaeque evitanda vicissim,
Illa prius creta, mox haec carbone notasti?
Es modicus voti, presso lare, dulcis amicis?
Jam nunc adstringas, jam nunc granaria laxes,
Inque luto fixum possis transcendere nummum,
Nec glutto sorbere salivam Mercurialem?
Haec mea sunt, teneo, cum vere dixeris, esto
Liberque ac sapiens, Praetoribus ac Jove dextro.
Sin tu, cum fueris nostrae paulo ante farinae,
Pelliculam veterem retines, et fronte politus,
Astutam vapido servas sub pectore vulpem:
Quae dederam supra, repeto, funemque reduco.

G

Nil tibi conceſſit ratio; digitum exere, peccas.
Et quid tam parvum eſt? ſed nullo thure litabis,
Haereat in ſtultis brevis ut ſemuncia recti.
Haec miſcere nefas; nec cum ſis cetera foſſor,
Treis tantum in numeros ſatyram moveare Bathylli.

Germanus et Gallus..

Gallus.

Qua me ſtultitia (quoniam non eſt genus unum)
Inſanire putas? Ego nam videor mihi ſanus.

Germanus.

Quid? caput abſciſſum demens quum portat Agaue
Gnati infelicis; ſibi tum furioſa videtur?

Gallus.

Stultum me fateor (liceat concedere veris)
Atque etiam inſanum. — —

Germanus.

— — Age! ſi quid
Eſt animum, differs curandi tempus in annum?
Dimidium facti, qui coepit, habet. Sapere aude:
Incipe. Vivendi recte qui prorogat horam,
Ruſticus exſpectat dum defluat amnis: at ille
Labitur et labetur in omne volubile aevum.

Miles Germanicus in Gallum.

Quid immerentes incolas vexas, canis.
　　Ignavus adversum lupos?
Quin huc inanes, si potes, vertis minas,
　　Et me remorsurum petis?
Nam qualis aut Molossus, aut fulvus Lacon,
　　Amica vis pastoribus,
Agam per altas aure sublata nives,
　　Quaecunque praecedet fera.
Tu cum timenda voce complesti nemus;
　　Proiectum odoraris cibum.
Cave! cave! Namque in malos asperrimus
　　Parata tollo cornua.

Ad Galliae sceleratae ultorem.

O quisquis volet impias
　　Caedes, et rabiem tollere civicam;
Si quaeret pater urbium
　　Subscribi statuis, indomitam audeat
Refraenare licentiam
　　Clarus postgenitis: quatenus, heu nefas!
Vivens est odio Cato,
　　Sublatum ex oculis quaeritis invidi.
Quid tristes querimoniae,
　　Si non supplicio culpa reciditur?
Quid leges sine moribus
　　Vanae proficiunt?

Europa in Gallos.

Tantane vos generis tenuit fiducia vestri?
Jam mareque et terras superum sine numine, Galli,
Miscere et tantas audetis tollere moles?
Quos ego? — — Urbem, regna ipsa Gallorum,
Ni frenum accipere, et victi parere fatentur,
Eruam et aequa solo fumantia culmina ponam.

Pejores patribus vos, ut majoribus illi:
  O Galli! faciles in vitium estis enim.
Natio si vobis fuerit quoque postera pejor,
  Pejus erit vestra posteritate nihil.

Omnia diruitis, nihil aedificatis in urbe.
  Zelus hic, an scelus est? fervor hic, an furor est?
Spiritus at vestris etiam praetenditur aulis,
  Qualis at hic vester Spiritus est? — Abadon.

Germania.

Sol qui terrarum flammis opera omnia lustras,
Nocturnisque Hecate triviis ululata per urbes,
Accipite haec, meritumque malis advertite numen,
Et nostras audite preces! — — — Galli
Auxilium implorent, videantque indigna suorum
Funera: nec, cum se sub leges pacis iniquae
Tradiderint, regno aut optata luce fruantur:
O vos Europae gentes, genus omne futurum
Exercete odiis, cinerique haec mittite Regis
Munera; nullus amor populis, nec foedera sunto.
Exoriare aliquis quondam horum ex ossibus ultor,
Qui face Francigenas ferroque sequare colonos,
Littora littoribus contraria, fluctibus undas,
Imprecor, arma armis, pugnent ipsique nepotes.

———

Maria Anna Charlotta Corday in Gallos.

Venena, magnum fas nefasque, non valent
    Convertere humanam vicem.
Diris agam vocis: dira detestatio
    Nulla expiatur victima.
Quin, ubi perire jussus, exspiravero
    Nocturnus ocurram furor;
Petamque vultus umbra curvis unguibus
    Quae vis deorum est Manium;

Et inquietis adsidens praecordiis,
  Pavore somnos auferam;
Vos, turba vicatim hinc et hinc saxis petens
  Gallos necabit impios.
Post insepulta membra different lupi,
  Et truculenti vultures
Neque hoc nepotes, qui mihi superstites,
  Effugerit spectaculum.

Europa in Gallos.

Quod genus hoc hominum? quaeve hinc tam
                                     barbara morem
Permittit patria? — — — —
Qui Regis coram me immites cernere letum
Fecistisque et foedastis mihi funere vultus;
Si genus humanum et mortalia temnitis arma:
At sperate deos, memores fandi atque nefandi.
Rex erat heu! vobis, quo non fuit aequior alter
Nec pietate prior. Sed cum vesana suorum
Oppressit rabies et turpi caede peremit,
Hanc fatorum habuit Lodoix finem; exitus illum
Hic rapuit populis quondam terrisque superbum
Gallorum Regem. Jacet heu! nunc pulvere truncus,
Avulsumque humeris caput et sine nomine corpus.
Perfida gens! duris genuit te cautibus horrens
Caucasus, Hyrcanaeque admorunt ubera tigres.
Sidera, Dique, precor, talem hinc avertite pestem!

In Galliam.

O navis! referent in mare te novi
Fluctus? o! quid agis? fortiter occupa
    Portum: nonne vides, ut
        Nudum remigio latus?

Et malus celeri saucius Africo,
Antennaeque gemant? ac sine funibus
    Vix durare carinae
        Possint imperiosius

Aequor? Non tibi sunt integra lintea;
Non di, quos iterum pressa voces malo.
    Quamvis Pontica pinus,
        Silvae filia nobilis,

Jactes et genus, et nomen inutile.
Nil pictis timidus navita puppibus
    Fidit. Tu, nisi ventis
        Debes ludibrium, cave!

Germanus.

— Mihi vel tellus optem prius ima dehiscat;
Vel pater omnipotens adigat me fulmine ad umbras,
Pallentes umbras Erebi, noctemque profundam:
Ante, *Fides!* quam te violo, aut tua jura resolvo.

In Gallos.

Mala soluta nauis exit alite,
　　Ferens olentes Gallulos;
Ut horridis utrumque verberes latus
　　Auster, memento, fluctibus.
Niger rudentes Eurus, inverso mari
　　Fractosque remos differat,
Insurgat Aquilo, quantus altis montibus
　　Frangit trementes ilices.
Nec sidus atra nocte amicum appareat,
　　Qua tristis Orion cadit.
O quantus illos navitas sudor manet,
　　Ipsosque pallor luteus,
Et illa non virilis eiulatio
　　Preces et adversum ad Jovem!
Gallas Britannus quum ferum remugiens
　　Rostro carinas ruperit.
Opima quod si praeda curvo littore
　　Porrecta mergos inverint
Libidinosus immolabitur caper
　　Et agna tempestatibus.

Pares Franciae.

Non omnino pares estis: tamen est quoque quaedam
　　Imparium paritas, imparitas Parium.

Ad Germaniae exercitum.

— — — Germanorum delecta juventus,
Flos veterum, virtusque virûm quos iustus in ho-
 stem
Fert dolor, et merita accendit furor impius ira.
Nulli fas Gallo nostram subjungere gentem.
Gens eadem, quae nos crudeli Gallica bello
Insequitur; vos si pellant nihil absore credunt,
Quin omnem penitus sua sub juga Teutona mittant.
Per Guilielmi ore nomen, devictaque bella,
Et per spem populi, quae nunc subit aemula patri,
Fidite ne pedibus: ferro rumpenda per hostes
Est via, qua globus ille virûm densissimus urget;
Hac vos — — — patria alta reposcit.
In manibus Mars ipse, viri. Nunc coniugis esto
Quisque suae, tectique memor: nunc magna referto
Facta patrum laudes. — Non vivida bello
Gallis dextra animusque ferox, patiensque pericli.
Indomiti agricolae: non illis omnibus arma,
Nec clipei currusve sonant, pars maxima glandes
Liventis plumbi spargit: pars spicula gestat
Bina manu fulvosque lupi de pelle galeros
Tegmen habet capiti, vestigia nuda sinistri
Instituere pedis; crudus tegit altera pero. —
En! qui nostra sibi bello patrimonia poscunt!
Impius haec tam culta novalia miles habebit?
Barbarus has segetes? — Miserere tuorum!
Aude atque adversum fidens fer pectus in hostem!

Audentes Fortuna juvat. Da sternere corpus.
Loricamque manu valida lacerare revolsam
Semiviri Galli et foedare in pulvere crines
Vibratos calido ferro, myrrhaque madentes.
Credite dicenti! ut nullum memorabile nomen
Francigenae in poena est, nec habet victoria laudem:
Extinxisse nefas tamen, et sumsisse merentes
Laudandum est poenas, animumque explesse juvabit
Ultricis flammae, et cineres satiasse tuorum.

Bellum civile Gallorum.

Quis clades hujus terrae, quis funera fando
Explicet? aut possit lacrimis aequare cruores?
Scinditur incertum studia in contraria vulgus;
Non metuunt leges, sed cedit viribus aequum.
Saevit amor ferri et scelerata insania belli,
Ira super; magno veluti cum flamma sonore
Virgea suggeritur costis undantis aëni,
Exsultant aestu latices, furit intus aquai
Fumidus atque alte spumis exuberat amnis:
Nec se jam capit unda, volat vapor ater ad auras.
Quippe ubi fas versum atque nefas: tot bella per
        orbem:
Tam multae scelerum facies: non ullus aratro
Dignus honos; squalent abductis arva colonis
Et curvae rigidum falces conflantur in ensem.
Vicinae ruptis inter se legibus urbes

Arma ferunt, faevit toto Mars impius orbe.
Ut cum carceribus fefe effudere quadrigae,
Addunt fe in fpatia, et fruftra retinacula tendens
Fertur equis auriga, neque audit currus habenas.
Ecce! patrem nati perimunt, natosque parentes,
Mutuaque armati coëunt in vulnera fratres.
Plurima perque vias fternuntur inertia paffim
Corpora, perque domos et relligiofa deorum
Limina. — —
— — — Crudelis ubique
Luctus, ubique pavor et plurima mortis imago.
Jam matres miferaeque nurus et cara fororum
Pectora maerentum, puerique parentibus orbi
Dirum exfecrantur bellum. — — —
O pueri, ne tanta animis affuefcite bella,
Neu patriae validas in vifcera vertite vires.
Difcite juftitiam moniti, et non temnere divos.

Ad Philippum, agnomine Egalité.

Afperius nihil eft humili, cum furgit in altum,
Cuncta ferit, dum cuncta timet, defaevit in omnes.
Das libertatem, et totos effundit habenas
Curriculo; quem fi revoces, fubfiftere nefcit,
Et te contemto rapitur, metisque relictis.
Ergo ignem cujus fcintillas ipfe dedifti,
Flagrantem late, et rapientem cuncta videbis.

Nec tibi parcetur misero, trepidumque magistrum
In cavea magno fremitu leo tollet alumnus. —

 Ergo quid optandum foret, ignorasse Philippus
Agnoscit: nam qui nimios optabat honores,
Et nimias poscebat opes, numerosa parabat
Excelsae turris tabulata, unde altior illi
Casus, et impulsae praeceps immane ruinae.

Germani ad Gallos.

Bellum importunum, Galli, cum gente deorum,
Invictisque viris geritis, quos nulla fatigant
Praelia, nec victi possunt absistere ferro.
Spem, si quam — — — habuistis in armis,
Ponite: — — nam haec, quam angusta, videtis.
Caetera qua rerum jaceant perculsa ruina,
Ante oculos, interque manus sunt omnia vestras. —
Quis vos trans Rhenum deus aut dementia adegit?
Non jactatores, non hic Cassinus inani
Voce potens. — — —
Durum ab stirpe genus, gnatos ad flumina primum
Deferimus, saevoque gelu duramur, et undis.
Venatu invigilant pueri, silvasque fatigant.
Flectere ludus equos, et spicula tendere cornu.
At patiens operum, parvoque assueta juventus,
Aut rastris terram domat, aut quatit oppida bello.
Omne aevum ferro teritur, versaque juvencum

Terga fatigamus hasta, nec tarda senectus
Debilitat vires animi, mutatque vigorem.
Vobis picta croco, et fulgenti murice vestis,
Desidiae cordi, juvat indulgere choreis:
Et tunicae manicas, et habent redimicula mitrae.
O Gallae vere, neque enim Galli amplius, ite
Per Vogesos, ubi assuetis biforem dat tibia cantum.
Tympana vos, buxusque vocat Berecynthia matris
Idaeae; sinite arma viris, et cedite ferro.

Miles Germanicus in Gallos.

Est hic est animus nullo perterritus hoste,
    Quemlibet audacem non mala causa facit.
Est hic est calidus circum praecordia sanguis,
    Est mihi quae fosso corpore vena fluat.
Quo vindicta vocat, quo nos vocat ira sequemur,
    Ad vos quam spero dent modo fata viam.
Nulla superborum petulans jactantia terret:
    Res non est verbis, sed peragenda manu.
Qui superat causa, spero superabit et armis:
    Cui mala causa subest excutit arma pudor.
Hic animus — — — —
    Nunc mihi detectis fraudibus acer adest.
Hoc scelus ulturus dextra per tela, per arcus,
    Per gladios strictos in mea fata ruam.
In votis mors est meritum quae vindicat hostem,
    Cuilibet hunc ultus colla secunda dabo.

In Philippum supra memoratum.

Ecce iterum Philippus, et est mihi saepe vocandus
Ad partes, monstrum nulla virtute redemtum
A vitiis, aeger, solaque libidine fortis. —
Qui frangit virgas sociorum in sanguine, quemque
Delectant hebetes lasso lictore secures:
Incipit ipsorum contra illum stare parentum
Nobilitas, claramque facem praeferre pudendis;
Et tamen, ut longe repetat genus atque revolvat:
Aut auriga pater fuit, aut, quod dicere nolo.

Nullane perjuri capitis, fraudisque nefandae
Poena erit? abreptum crede hunc graviore catena
Protinus, et nostro (quid plus velit ira?) necari
Arbitrio! Manet illa tamen jactura. — —
At vindicta bonum vita jucundius ipsa.

Ecloga.
Menalcas et Tityrus.

Menalcas.

Tityre scis, quantum vastaverit agros
Dira lues hinc ex atris effusa latebris,
Saeva lupum rabies nullo satiata cruore
Cum miseris teneros laniaret matribus agnos.
Hinc e vicinis emisit Gallia sylvis

Nescio quas tygres, varias quoque tergora lynces,
Et nimium nota Libycos feritate leones.
Hi, quo caedis amor, quo dira cupido vocabat,
In male cuſtodita truces armenta ruebant,
Et late fuſo foedabant arva cruore.
Quos ſimul ac noſter ſpecula *Meliboeus* ab alta
Conſpexit paſſim nullo prohibente vagari,
Et propius noſtras paulatim accedere caulas:
Protinus incaluit generoſo pectore virtus
Et fidos contis, ſudibusque armavit agreſtes,
Sumturus dignas ſcelerato e ſanguine poenas.
Jamque ubi cum ſociis campo deſcendit aperto,
Aſpectum fugere lupi, fugere leones,
Et denſae occultos ſilvae petiere receſſus.
Inſequitur fervens *Meliboeus* et acrior ipſo
Succeſſu valida fugientibus imminet haſta,
Nuncque hos, nuncque illos transverberat ictu.
Sic clades noſtris depulſa mapalibus illa eſt.

Tityrus.

Omnia quae narras mihi ſunt audita Menalca:
Hujus ego adventu fateor procul acta caterva eſt
Illa lupum; *hic cuſtos* pecudes ſervavit et agros,
Ruris honos noſtri, noſtrae *ſpes una ſalutis.*
Semideos inter ſacro *hunc* heroas honore
Proſequar, huic ſtructas ponam libamina ad aras.
Non minor iſte deo, qui rura Amphryſia circum
Dicitur Aemonii vaccas paviſſe tyranni.
Saepius ante hujus caeſus procumberet aras

Victima bos, mihi fi fortuna benignior effet.
At nunc faepe tener merito mactabitur agnus,
Saepe incendentur Panchaeae meffis odores,
Saepe hujus laudes etiam hac aeftate, Menalca,
Dum nos fub patulis fagis tenet umbra, canemus.
Carmina nec fpernet, quamvis fint ruftica, quamvis
Romanos inter patrius ftrepat anfer olores.
Sed nunc ecce ruens ad fluctus pronus Iberos
Phoebus abire monet, nox imminet atra tenebris,
Et vocat ad pultem formofa Neaera paratam.

In Gallum.

Qui fpecies alias veris, fcelerisque tumultu
Permiftas capiet, commotus habebitur; atque
Stultitia ne erret, nihilum diftabit, an ira.
Quum prudens fcelus ob titulos admittis inanes,
Stas animo? et purum eft, vitio tibi quum tumi-
       dum cor?
Quid? fi quis gnatam pro muta devovet agna,
Integer eft animi? ne dixeris. Ergo ubi prava
Stultitia, haec fumma eft infania. Qui fceleratus,
Et furiofus erit. Quem cepit vitrea fama,
Hunc circumtonuit gaudens Bellona cruentis.

In eundem.

Quisnam, quaero te, liber? sapiens sibique imperiosus;
Quem neque pauperies, neque mors, neque vincula terrent;
Responsare cupidinibus, contemnere honores
Fortis, et in se ipso totus teres atque rotundus:
Externi ne quid valeat per laeve morari.
In quem manca ruit semper fortuna. Potesne
Ex his, ut proprium, quid noscere? — —
— — Liber, liber sum! Dic age? Non quis.
Qui metuens vivit, liber mihi non erit unquam:
Non horam tecum esse potes, non otia recte
Ponere; teque ipsum vitas fugitivus et erro;
Jam vino quaerens, jam somno fallere curam.
Frustra: Nam comes atra premit, sequiturque fugacem.

Germanus in deductorem Regis ad supplicium,

a Gallis *Santerre* nominatum;
sive, si placet,
in Areopagum Galliae.

Tua notat fusco digitos iniuria succo,
 Cortice contactas inficiente manus.
Ille cruor Regis est: illo maculata cruore
 Non profectura dextra lavatur aqua.

Nec tua te fontem tantummodo faecula norint:
 Perpetuae crimen pofteritatis eris.
Definet effe prius contrarius ignibus humor,
 Junctaque cum luna lumina folis erunt,
Parsque eadem coeli Zephyros emittit et Euros,
 Et tepidus gelido flabit ab axe Notus,
Et nova fraterno veniet concordia fumo,
 Quem vetus accenfa feparat ira pyra,
Et Ver Autumno, Brumae mifcebitur Aeftas,
 Atque eadem regio vefper et ortus erunt:
Quam mihi fit tecum pofitis, quae furnfimus, armis
 Gratia commiffis, improbe, rupta tuis.
Pax erit haec nobis, donec mihi vita manebit,
 Cum pecore infirmo quae folet effe lupis.
Di maris et terrae, quique his meliora tenetis
 Inter diverfos cum Jove regna polos;
Huc precor; huc veftras omnes advertite mentes,
 Et finite optatis pondus ineffe meis.
Quaeque precor, fiant: ut non mea dicta, fed illa
 Pafiphaës generi verba fuiffe putet.
Nulla mora eft in me. Peragam rata vota facerdos,
 Quisquis ades facris, ore favete, meis.
Ominibusque malis, pedibusque occurrite laevis;
 Et nigrae veftes corpora veftra tegant:
Tu quoque, quid dubitas ferales fumere vittas?
 Jam ftat; ut ipfe vides, funeris ara tui
Pompa parata tibi eft: votis mora triftibus abfit,
 Da jugulum cultris, hoftia dira, meis.
Terra tibi fruges, amnis tibi deneget undas:
 Deneget afflatus ventus et aura fuos.

Nec tibi sol clarus, nec tibi sit lucida Phoebe:
 Destituant oculos sidera cuncta tuos:
Nec se Vulcanus, nec se tibi praebeat aer,
 Nec tibi det tellus, nec tibi pontus iter.
Exsul, inops, erres, alienaque limina lustres:
 Exiguumque petas ore tremente cibum.
Nec corpus querulo, nec mens vacet aegra dolores
 Noxque die gravior sit tibi: nocte dies.
Sisque miser semper, nec sis miserabilis ulli:
 Gaudeat adversis foemina, virque tuis.
Accedat lacrymis odium: dignusque putere,
 Qui mala cum tuleris plurima: plura feras.
Sitque, quod est rarum, solito defecta favore
 Aerumnae facies invidiosa tuae.
Causaque non desit, desit tibi copia mortis.
 Optatam fugiat vita coacta necem.
Luctatusque diu cruciatos spiritus artus
 Deserat: et longa torqueat ante mora.
Evenient; dedit ipse mihi modo signa futuri
 Phoebus: et a laeva moesta volavit avis.
Certe ego quae voveo, superos motura putabo:
 Speque tuae mortis, perfide, semper alar,
(Finiet illa dies, quae te mihi subtrahet olim:
 Finiet illa dies, quae mihi tarda venit.)
Et prius hanc animam, nimium tibi saeve, petitam,
 Auferet illa dies, quae mihi sera venit;
Quam dolor hic unquam spatio evanescere possit:
 Leniat aut odium tempus et hora meum.
Robora dum montes, dum pabula mollia campi,
 Dum tepidus Ganges, frigidus Ister erit;

Bella geram tecum: nec mors mihi finiet iras,
    Saeva fed in manes manibus arma dabo.
Tum quoque cum vacuas fuero dilapfus in auras;
    Exanimis mores oderit umbra tuos.
Tum quoque factorum veniam memor umbra tuo-
                                            rum:
    Infequar et vultus offea larva tuos.
Sive ego, quod nolim, longis confumtus ab annis,
    Sive manu facta morte folutus ero.
Quidquid ero, Stygiis erumpere nitar ab oris,
    Et tendam gelidas ultor in ora manus.
Me vigilans cernes: tacitis ego noctis in umbris
    Excutiam fomnos vifus adeffe tuos.
Denique quidquid ages, ante os oculosque vo-
                                            labo,
    Et fequar, et nulla fede quietus eris.
Verbera torta dabunt fonitum; nexaeque colubris
    Confcia fumabunt femper ad ora faces.
Ilis vivus furiis agitabere: mortuus iisdem;
    Et brevior poena vita futura tua eft.
Nec tibi contingent funus lacrymaeque tuorum.
    Indeploratum projiciere caput.
Carnificisque manu populo plaudente traheris,
    Infixusque tuis offibus uncus erit.
Ipfae te fugient, quae carpunt omnia, flammae:
    Refpuet invifum jufta cadaver humus.
Unguibus et roftro tardus trahet ilia vultur,
    Et fcindent avidae perfida corda canes.
Deque tuo fiet (licet hac fis laude fuperbus)
    Infatiabilibus corpore rixa lupis.

In loca ab Elyfiis diverfa fugabere campis,
  Quasque tenent fedes noxia turba, coles.
Hic tibi de Furiis fcindent latus una flagello,
  Ut fceleris numeros confiteare tui:
Altera Tartareis fectos dabit anguibus artus:
  Tertia fumantes incoquet igne genas.
Noxia mille modis lacerabitur umbra, tuasque
  AEacus in poenas ingeniofus erit.
In te tranfcribet veterum tormenta virorum,
  Manibus antiquis cauffa quietis eris.
Sifyphe, cui credas revolubile pondus, habebis:
  Verfabunt celeres nunc nova membra rotae.
Hic erit et ramos fruftra qui captet et undas:
  Hic inconfumto vifcere pafcet avem.
Nec mortis poenas mors altera finiet hujus:
  Horaque erit tantis ultima nulla malis.
Nec mala voce mea poffint tua cuncta referri;
  Ora licet tribuas multiplicata mihi.
Tot tibi vae mifero veniant talesque ruinae,
  Ut cogi in lacrymas me quoque poffe putem.
Illae me lacrymae facient fine fine beatum:
  Dulcior hic rifu tum mihi fletus erit.

Gallus, alter Atys.

Allegoria.

Stimulatus ut furenti rabie, vagus animi,
Divellit lactes acuto sibi pondere silicis.
Itaque ut relicta sensit sibi membra sine viro,
Et jam recenti terrae sola sanguine maculans,
Avidis citata cepit manibus leve tympanum,
Tympanum, tubam, Cybele tua mater initia:
Quatiensque terga tauri madidis cava digitis,
Canere haec suis adorta est tremebunda comitibus:
Agite, ite alta, Gallae, Cybeles nemora simul,
Simul ite Dindymenae dominae vaga pecora,
Hilarate herae citatis erroribus animum:
Mora tarda mente cedat! simul ite: sequimini,
Ubi cymbalum sonat nox, ubi tympana reboant,
Ubi capita Maenades vi jaciunt hederigerae,
Ubi suevit illa divae volitare vaga cohors,
Quo nos decet citatis celerare tripudiis.
Simul haec comitibus Gallus cecinit nova mulier,
Thyasus repente linguis trepidantibus ululat,
Leve tympanum remugit, cava cymbala recrepant,
Viridem citus adit montem properante pede chorus.
Furibunda simul, anhelans, vaga vadit, animo egens,
Comitata tympano Gallus per opaca nemora dux:
Veluti iuvenca vitans onus indomita iugi;
Rapidae ducem sequuntur Gallae pede propero.
Itaque ut domum Cybeles tetigere lassulae,
Piger his labentes languore oculos sopor operit,
Abit in quiete molli rabidi furor animi.

Tableau pour la bonne bouche,

oder

Schmaus-Silhouette.

	Seite
Avis aux Francois.	1
Poſtſcript	5
Proteſt	6
Volksgebet	7
Einmacht und Eintracht	8
Bernardot	10
Hülfstruppen	11
Europa an Paris	12
Republick	—
An die Freiheitsmützenträger	13
Franzöſiſches Modeſpiel	17
Jubel der Sansculottes	18
Replick der Nordländer	19
Zurechtweiſung der Libertiner	20
Kategoriſcher Beſcheid	22
Der paſſende Name	—
Die ſchöne Baumfrucht	23
Europens Monarchien an Frankreich	24
Zur weitern Beherzigung	25
Auto-da-fé der Jakobiner zu Paris	—
Freuden und Leiden	26
Zuruf	27
Allerdings	28
Germania et Francia	29
Mein Glaubensbekenntniſs	—

Teutsche Freiheit und Gleichheit Seite	30
Trostspruch an die Harlekins mit rothen Mützen	31
Die Lüge	—
Empfehlung	32
Karten- und Schach-Spiel	33
Paris	35
Egalité	36
An die Geographen	37
Promotion	38
Blindheit	—
Fragment	39
Brüderschaft	40
Gewissensfrage	—
Boue de Paris	41
Paris und Paris	42
Freude über Freude	43
Korrektion	45
Dialogue entre l'Auteur et Mr. N. N.	46
Inpromtu	54
Inkomplette Equipirung	55
S. P. Q. R.	—
Unstatthaftes Kopf-weg	56
Vermeynter Irrthum	57
Verwandlung	—
An die freigeisterischen Demokraten	58
Kein Lückenbüsser	—
Patriotische Beisteuer	59
Ungereimte Prätension	60
An die Hans Ballhorns in Frankreich	—
Teutsche Aufrichtigkeit	61
Logogryph	62
Scherz und Ernst	63
Ungleichheit der Damen	66
Der Name Marat	67
Kriminalurtel	—

Fortunens Kanal	Seite	68
Parallelism	-	69
Der Sprachfehler	-	70
Wohlgemeynte Belehrung	-	—
Der neue Cul de Paris	-	71
Mara	-	72
Der Blumenflor	-	73
Wie wahr!	-	74
Vorschlag zur Güte	-	75
Echo	-	76
Die beste Ueberficht	-	77
Paulus an die Korinther	-	78
Die gute Wahl	-	79
Total Ruin	-	—
Bedeutung des Wort's: Convent	-	80
Contre les François. Parodie	-	81
Frankreich	-	82
An die Sansculottes	-	83
Die glückliche Stadt	-	84
Charakteriftik	-	85
Vermuthung	-	—
Voltaire	-	86
Aeolus Brüder	-	87
Maynz	-	88
Vergeltung	-	89
Nagelneue Erfahrung	-	—
Philippus	-	90
Puppenfpiel	-	—
Guter Wille	-	91
Frankreichs Hauptftadt	-	92
Monarchie	-	—
Kommando	-	93
Locus Senecae	-	95
Ad Gallos	-	—
In eosdem	-	96

Ad Gallum epistola	Seite 97
Germanus et Gallus	- 98
Miles Germanicus in Gallum	- 99
Ad Galliae sceleratae ultorem	- —
Europa in Gallos. a. b. c.	- 100
Germania	- 101
Maria Anna Charlotta Corday in Gallos	- —
Europa in Gallos	- 102
In Galliam	- 103
Germanus	- —
In Gallos	- 104
Pares Franciae	- —
Ad Germaniae Exercitum	- 105
Bellum civile Gallorum	- 106
Ad Philippum, agnomine Egalité	- 107
Germani ad Gallos	- 108
Miles Germanicus in Gallos	- 109
In Philippum supra memoratum	- 110
Ecloga	- —
In Gallum	- 112
In eundem	- 113
Germanus in deductorem Regis ad supplicium, a Gallis *Santerre* nominatum, sive in Areopagum Galliae.	- —
Gallus, alter Atys	- 118
In Gallum non braccatum	- 120
In Gallum	- 121
Bonbon, als Probe des nachzuliefernden Desserts	122
Jeremiade	- 123
Nach Trouble folgt Jubel! oder Augenlust, Ohrenlust und liebliches Wesen mittelst Stecher-Punze, Druckwalze und alles belebenden Pinsels. Wo da?" Zu dienen: gleich nach dem Lamento.	

Sed ubi horis aureis sol radiantibus oculis
Lustravit aethera album, sola dura, mare ferum,
Pepulitque noctis umbras vegetis sonipedibus:
Ibi somnus exitum Gallum fugiens citus abiit;
Trepidantem cum recepit dea Pasithea sinu.
Ita de quiete molli rabida sine rabie
Simul ipsa pectore Gallus sua facta recoluit,
Liquidaque mente vidit sine queis, ubique foret.
„Miser, ah miser, querendum est etiam atque etiam,
          anime!
„Quod enim genus? figura est? ego numquid abierim?
„Ego mulier? ego nunc Cybeles famula ferar?
„Ego Maenas, ego mei pars, ego vir sterilis ero?
„Jam jam dolet, quod egi: jam, jam quoque poe-
          nitet."
Tumidis ut hinc labellis palam sonitus abiit,
Geminas deorum ad aures nova nuntia referens,
Ibi juncta juga resolvens Cybele domina feris,
Saevum pecoris hostem stimulans ita loquitur:
Agedum, inquit, age ferox, hunc, agedum, aggre-
          dere furor,
Fac ut cuncta mugienti fremitu loca retonent.
Rutilam ferox torosa cervice quate jubam;
Ait haec minax Cybele, religatque juga manu.
Ferus ipse sese adhortans rapidum incitat animum;
Vadit, fremit et refringit virgulta pede vago.
Facit impetum. Ille demens fugit in nemora fera;
Ibi semper omne vitae spatium famula fuit.

In Gallum non braccatum.

Ulla si iuris tibi pejerati
Culpa, insane! doluisset unquam,
Mente si tantum fieres vel una
        Tristior hora:
Plauderem; sed tu simul obligasti
Persidum votis caput, ingemiscis
Ob scelus nunquam, scelerumque prodis
        Publicus auctor.
Expedit regis cineres opertos
Spernere, et summo monumenta Jovae
Sacra cum fastu, gelidaque divos
        Morte carentes.
Luget hoc (inquam) Deus ipse; lugent
Coelites sancti; ferus atque Daemon
Semper ardentes tenebris in atris
        Excitat ignes.
Adde quod crimen tibi crescit ingens,
Culpa succrescit nova: nec priores
Impiae noxas Sodomae relinquis
        Saepe rogatus.
Te nigrae fauces capient Gehennae,
Te nefas ingens, animaeque semper
Vermis arrodet: tua si retardas
        Crimina flere.

In Gallum.

Nec modum habes, neque confilium, ratione modoque
Non vis tractari. In te, Galle, haec funt mala: bellum,
Pax rurfum. Haec fi quis tempeftatis prope ritu
Mobilia, et coeca fluitantia forte, laboret
Reddere certa fibi: nihilo plus explicet, ac fi
Infanire paret certa ratione, modoque.
Seditione, dolis, fcelere atque libidine et ira
Parifios intra muros, peccatur et extra.
Ut jugulent homines, furgunt de nocte latrones.
Seu calidus fanguis, feu rerum infcitia vexat,
Indomita cervice feros: ubicumque locorum
Vivitis indigni fraternum rumpere foedus.

Ohe! jam fatis eft, ohe! libelle!
Jam pervenimus usque ad umbilicum.
Tu procedere adhuc et ire quaeris,
Nec fumma potes in fcheda teneri.

Bonbon.

(Als Probe des noch nachzuliefernden Deſſert's.)

Martis haſtam jam olim Venus confregit.

Nur zu rauben, nur zu morden
Fürſtenſtand und Bürgerſtand,
Waffneten ſich Frankreich's Horden
Gegen unſer Vaterland;
Denn um Teutſchland's wackern Heeren
Die Carriére nach Paris
Zu verſperren, zu erſchweren,
Brauchte es nicht Schwerdt und Spieſs.
Warlich! nur aus jedem Städtchen
Durften zwanzig Freudenmädchen
Schön geſchminkt in's Feld ſich ſtell'n,
Um das tuetſche Heer zu fäll'n.
Ohne Schuſs und Sabelhiebe
Hätten ſie, eh' man's gedacht,
Jenen Feind kaput gemacht,
Und ihn durch belohnte Liebe
Bald in's Lazaret gebracht.

Jeremiade
oder
Erfüllung unſers Verſprechens Seite XX.

Wenn doch die zweibeinigen Maulwürfe unter dem Monde hübſch die Augen aufſperrten, und — ſo lange ſie wach wären, — die zweiſchenklichte Brille auf dem Naſenſattel ſtets feſten Schluſs halten ließen: ſicher würde dann kein Dreiſchrittſcher über einen Eckſtein hinſtolpern — item! in der litterariſchen Welt kein einziger Druckfehler vorkommen. — — Leider! aber iſt es nun einmal nicht anders in dieſem Freuden- und Jammerthal, wo Dornen neben Roſen aufſchießen, und ſelbſt das Antlitz der Sonne manche Warze und Leberfleck hat.

Schlecht, wie nur immer ein Pfuſcher, hat unſer wohlbeſtallter, doch jezt auf immer dimittirter Korrektor unſern Waizenacker gejätet; ſo manches Unkraut, das der böſe Feind in Menge hingeſät hatte, iſt ruhig ſtehen geblieben, und dagegen oft eine ganze Handvoll kornreicher Halme dem Boden entriſſen. — Je! verzweifelt! da bin ich eben von meiner Schoos-Allegorie abgeſprungen, und aus G moll in F dur hingerathen! — Schlecht und nachläſſig, ſollte und wollte ich ſagen, hat unſer Küchenmeiſter die Schüſſeln anrichten laſſen, und ſtatt wie ein Argus jede hineingefallene Kohle und Kanker hurtig hinauszugabeln, gleich als wär' er total mit Blindheit geſchlagen — manchen ſchönen Flügel von einer Poularde bey Seite geworfen. Einige Exempel mögen unſre gerechte Beſchwerde illuſtriren.

Seite XIV ſollte ſtatt des jedesmaligen Sterns (*) ein Komet (*———) ſtehen;

Desgleichen Seite XXIV. Zeile 13 und 27 ein etwas größerer Dito.

Seite XV. iſt in der dritten Zeile nach dem Wort — *haben* folgendes ausgelaſſen: — *Berenicens* beigefügte Haarlocke, als Cadeau für ihre Toilette, macht die Sottiſe auf keinem Fall wieder gut, und der wie *Daniel* in der Löwengrube ſituirten Demoiſell gewiſs nicht die mindeſte Freude, liebte ſie als Dame auch noch ſo ſehr falſche Chignons; ein anders wär's, wenn ſie den ſchönen *Antinous* zum Vis-à-vis hätte. —

Seite 32, Zeile 1, ſteht Empfehlung für *Empfehlung*.

— 42, — 7, — Jacobinermützen für *Schaffottinermützen*.

Seite 47, — 19, — ce poudre für *cette poudre*.

— 58, — 14, — Hochtollgeborn, doch nicht für *Hochwohlgeborn*, wie unſer charmanter Korrektor muthmaafste, und auch mancher Leser vielleicht urtheilen dürfte. Zum Glück erhielten wir noch kurz vor dem Abdruck von seiner vermeinten Emendirung Notiz, um jene durch Hans Ballhorn gemachte Verbesserung noch rektifiziren zu können.

Seite 72, fehlen nach der achten Zeile folgende Schlufsverse:

Nur in Otaheite
Ist's anders als hier;
Da geht es in's Weite!
Dort färben sich die
Gattinnen und Bräute
Auf jeglicher Seite
Den nackenden Cul. —
Du frägest uns „wie?"
Je nun! mon ami!
Mit hellblauer Schminke
Die rechte Partie,
Mit rother die linke —
Das nenn' ich Genie
In Koketterie!
Doch das dich nicht dünke,
Als wollt' ich mit Wind;
Und Märchen dich speisen:
So liefs, liebes Kind,
Die Forsterschen Reisen
Geschwinde! geschwind!
Die werden's dir weisen,
Ob's Dichtungen sind.

Seite 84, Zeile 14, steht eterogen für *heterogen*.

An diesen einleuchtenden Beispielen, deren wir noch mehrere anführen könnten, denk' ich, wird man komplett genug haben.

Schlufs - Anzeige.

Statt die Figuren der beigefügten Hieroglyphenschrift mit wirklichen Farben zu illuminiren, hätten wir solche auch mittelst der in der Heraldick gebräuchlichen Tinktur-Striche und Punkte füglich darstellen können; da aber leider! einmal die Kartenbilder, die gleich der Jungfrau *Europa* in *Homanns* Atlas mit allen Farben der *Iris* prangen, das Auge an bunte Drapperie gewöhnt haben, so wählten wir statt jener Tinkturzeichen die wirkliche Kolorirung, welche zudem auch bei einer Redoute oder Laterna magica ein Haupterfordernifs ausmacht.

www.ingramcontent.com/pod-product-compliance
Lightning Source LLC
Chambersburg PA
CBHW030251170426
43202CB00009B/703